三明学院学术著作资助出版
福建省社会科学基金项目（FJ2022X007）研究成果
福建省自然科学基金项目（2022J05100）研究成果

经济政策不确定性
对经济增长的影响研究

RESEARCH ON THE IMPACT OF
ECONOMIC POLICY UNCERTAINTY ON
ECONOMIC GROWTH

朱松平 ◎ 著

中国财经出版传媒集团
经济科学出版社
Economic Science Press

图书在版编目（CIP）数据

经济政策不确定性对经济增长的影响研究／朱松平
著．－－北京：经济科学出版社，2024.7
ISBN 978－7－5218－5895－2

Ⅰ.①经… Ⅱ.①朱… Ⅲ.①经济政策－影响－中国
经济－经济增长－研究 Ⅳ.①F124.1

中国国家版本馆 CIP 数据核字（2024）第 101228 号

责任编辑：张　燕
责任校对：王京宁
责任印制：张佳裕

经济政策不确定性对经济增长的影响研究

JINGJI ZHENGCE BUQUEDINGXING DUI JINGJI

ZENGZHANG DE YINGXIANG YANJIU

朱松平　著

经济科学出版社出版、发行　新华书店经销
社址：北京市海淀区阜成路甲 28 号　邮编：100142
总编部电话：010－88191217　发行部电话：010－88191522
网址：www. esp. com. cn
电子邮箱：esp@ esp. com. cn
天猫网店：经济科学出版社旗舰店
网址：http://jjkxcbs. tmall. com
固安华明印业有限公司印装
710×1000　16 开　12.75 印张　210000 字
2024 年 7 月第 1 版　2024 年 7 月第 1 次印刷
ISBN 978－7－5218－5895－2　定价：76.00 元
（图书出现印装问题，本社负责调换。电话：010－88191545）
（版权所有　侵权必究　打击盗版　举报热线：010－88191661
QQ：2242791300　营销中心电话：010－88191537
电子邮箱：dbts@ esp. com. cn）

前　言

当前世界面临的不稳定性突出，经济政策不确定性作为不确定性的特定表现形式，会对经济增长产生一定影响。提高对经济政策不确定性冲击的认识和防范应对能力，有利于稳定经济增长。中国经济进入新常态，实现未来经济增长既要兼顾产出总量规模也要保证增长效率。探究经济政策不确定性如何影响经济增长，尤其是在增长效率（本书用技术进步衡量）和产出规模方面，这一话题是当前研究的前沿与难点。本书分别从跨国层面、国内区域层面和行业层面对此展开了研究，较为全面地分析了经济政策不确定性对产出和技术进步的影响，以及技术进步在经济政策不确定性影响产出过程中所起的作用。在此基础上，本书对比分析了不确定环境下不同宏观调控政策对产出和技术进步影响的有效性。

　　本书综合现有研究界定了经济政策不确定性的内涵，通过对现有度量方法的比较确定了经济政策不确定性的度量方式。同时，本书系统地梳理了经济政策不确定性、技术进步及产出的相关理论；总结和评析了经济增长理论中技术进步的演进，阐释了国家干预与经济政策不确定性的内在逻辑，并基于实物期权理论和外在融资溢价理论分析了经济政策不确定性对产出和技术进步的作用过程。在研究方法上，将全局向量自回归模型与非参数计量经济学理论进行了有效结合，提出了半参数全局向量自回归模型，并给出了具体估计方法，解决了分析经济政策不确定性对产出和技术进步非线性影响的工具性问题。

　　在实证上，本书先分析了经济政策不确定性、技术进步与产出的特征及内在关联。然后，分别从跨国层面、国内区域层面和行业层面就经济政策不确定性对产出和技术进步的影响展开全面分析，并进一步研究了不确定环境下政府宏观调控政策对产出和技术进步影响的有效性问题。获得了以下几方面认识。

　　跨国层面上，针对现有文献忽略了经济政策不确定性的国际动态传导以及经济政策不确定性对经济增长的影响，在厘清相关机理的基础上，通过构建全局向量自回归模型，重点分析了中国、印度、日本、英国和美国经济政策不确定性的跨国传导及其对产出和技术进步影响的跨国差异。结果显示：（1）美国经济政策不确定性对发达国家经济政策不确定性的传导较强，对中国和印度的经济政策不确定性影响相对较弱。中国经济政策不确定性对其他国家也有正向传导，但强度上弱于美国。发展中国家经济政策不确定性更易在发展中国家之间传导，但传导效应不强。（2）经济政策不确定性对产出和技术进步的影响具有国别差异。发达国家经济社会产出和技术进步更易受自身经济政策不确定性冲击的影响，发展中国家中国和印度受自身经济政策不确定性冲击的影响较小；中国技术进步在经济政策不确定性影响产出的路径中所占比重同英国和美国较为接近。

　　国内区域层面上，考察经济政策不确定性如何影响中国宏观经济运行。理论分析表明，经济政策不确定性会影响人力资本积累的增速，进而影响产出增长。在此基础上构建半参数全局向量自回归模型进行实证研究，结果表明：（1）经济政策不确定性对东部、中部、西部三大区域技术进步存在异质性的非线性影响，在经济政策不确定性指数较低时，东部和中部地区经济政策不确定性对技术进步存在随着经济政策不确定性增大而减小的正向促进效应，而西部地区经济政策不确定性对技术进步存在随经济政策不确定性增大而不断增大的负向偏效应；（2）经济政策不确定性对产出的非线性影响也存在区域空间上的差异，在经济政策不确定性指数较低时，其对东部、中部、西部三大区域经济社会产出的促进或抑制作用均不明显，但随着经济政策不确定性的增大，其对产出的影响表现出较强的抑制效应，且这种偏效应随经济政策不确定性的增大而增大，其中，对东部地区产出的抑制效应强于中部和西部地区。

　　行业层面上，基于前两章的分析，进一步考察经济政策不确定性对行业产出的非线性影响和技术进步在其中的调节作用，研究发现：（1）总体上，经济政策不确定性对行业产出具有显著的倒"U"型非线性影响，技术进步在经济政策不确定性影响行业产出中具有正向调节效应，技术进步在经济政策不确定性指数较低时能够促进行业产出，在经济政策不确定性指数较高时能够降低经济政策波动带来的不利影响。（2）分样本回归结果表明，经济政策不确定性对周期性行业和第三产业行业的产出有显著的倒"U"型影响，但技术进步的正向调节效应在第三产业行业中较为明显。

　　在分析了经济政策不确定性对经济增长的影响之后，本书通过构建TVP-VAR模型和反事实分析方法探讨了宏观调控政策在不确定性环境下的有效性。研究结果表明：（1）经济政策不确定环境下利率上升对产出的作用为负，对技术进步的作用为正，这些作用主要体现在短期内；不确定性环境下利率变动对产出和技术进步的调控作用具有时变性，中等程度不确定性环境下价格型货币政策对产出的调控作用较为有效。（2）经济政策不确定环境下，信贷增长在短期内能够有效促进产出增长，信贷增长对产出和技术进步的作用不存在时变效应；不确定性环境会降低信贷政策对产出的调控作用，信贷政策对技术进步的影响不显著。最后，根据本书的研究结果，结合当前中国经济所处环境，从不同层面进行了政策思考并提出了研究展望。

在本书出版之际，尤其要感谢曾教授过我计量经济学的叶阿忠老师及其研究团队，有了他们的大力支持，本书才得以顺利完成。本书还获得了来自福建江夏学院曾岚婷副教授、兴业银行郑万吉博士、中国财政科学研究院梁文明博士的帮助和支持，在此表示衷心感谢。最后，要特别感谢经济科学出版社的张燕编辑及其同人们，为本书的撰写提出了大量宝贵意见，并付出了辛勤劳动。由于本人知识有限，书中难免存在错误与不足之处，恳请各位专家学者指正。

朱松平

2024 年 6 月

目　　录

第 1 章

绪　　论

1.1　研究背景和意义

1.1.1　研究背景

经济政策不确定性（economic policy uncertainty，EPU），即经济主体由于无法准确预知政府是否、何时以及如何改变现行经济政策而面临的不确定性（Gulen and Ion，2015）。一个国家的经济政策不确定性不仅来源于本国内部经济环境的变化、政策的制定和变更过程，也来源于他国经济政策不确定性的国际传导。国外急剧上升的经济政策不确定性主要源自大规模的政策变革、金融危机、地缘政治风险、欧洲主权债务危机、英国脱欧，以及美国逆全球化、"美国优先"和霸权主义等超预期经济政治事件的影响。作为世界第二大经济体的中国，也受到来自国外经济政策不确定性的影响。与此同时，在中国经济结构转型升级的背景下，宏观调控的四大目标"稳增长、调结构、促改革、防风险"之间存在内在的冲突与困境，且难以通过一种或几种政策目标的组合加以解决（张杰和翟福昕，2014），经济政策在调控目标间的切换会进一步加剧经济政策不确定性的程度（Baker et al.，2016）。

自2008年全球金融危机以来，各国政府为促进经济复苏纷纷进行了一系列政策变革。然而，在过去的近10年时间里，世界经济复苏速度远低于预期。在此背景下，国内外学者开始探讨经济政策不确定性是否对经济的复苏产生了阻碍作用。相关研究主要探讨了经济政策不确定性对投资、进出口和创新等方面的影响，且得出的结论不尽相同。

党的十九大报告指出，当前世界面临的不稳定性不确定性突出，世界经济增长动能不足，并提出了提高全要素生产率（TFP）的紧迫要求。事实上，技术进步不仅是经济增长的动力源泉，也是经济高质量增长的内在表现。实现未来经济的有效增长，一方面需要维持产出总量在合理的增长区间，另一方面也要全面提高技术进步水平。本书将技术进步和产出增长同时纳入经济增长的范畴，多层面分析经济政策不确定性对产出和技术进步的影响，并探讨三者之间的内在关联。

国际层面上，经济全球化和金融一体化使得各国经济关系变得错综复杂而又紧密交织在一起，他国经济政策的变更可以通过金融和贸易等渠道对本国经济产生影响，为了防范和应对外来不确定性冲击，本国将会制定相应的应对政策，从而引起经济政策不确定性的国际传导。中国有着巨大的经济体量，出口商品以劳动密集型产品为主，中高端产品严重依赖进口，贸易结构不合理和较大的贸易顺差使得中国易受贸易摩擦和不确定性风险的制约。国际经济政策不确定性有可能会传递到中国并对中国经济带来冲击，而目前鲜有研究从国际层面对相关问题展开探讨，由此本书提出了如下问题：经济政策不确定性的国际传导情况是怎样的？各国经济政策不确定性对经济增长影响是否相同？特别是，中国经济社会体制同西方发达国家存在较大差异，中国经济政策不确定性对经济增长的影响是否同其他国家存在较大差异？

　　具体到国家内部层面，区域方面，中国地域广阔，虽然区域的地理边界随着地区间紧密的经济互动变得不再明显，但不均衡的要素分布和产业集聚使中国经济增长存在空间分异（邓仲良和张可云，2020）。中国经济政策不确定性作为经济系统的整体冲击，在行政区划和政策导向等因素下极有可能对不同区域经济活动造成不同影响。加之，地方政府在对上层政策的解读和执行时会因各地基本情况不同产生差异，同一政策在不同地方因地制宜地贯彻落实中也存在不同影响，也即经济政策的变动可能对不同地方经济产生异质性影响。然而，以往的研究局限于在整体层面研究中国经济政策不确定性的宏观经济效应，并未能深入区域层面。例如，刘镜秀和门明（2015）、张玉鹏和王茜（2016）研究了中国经济政策不确定性对整体产出的非线性影响。在此情况下，我们不禁要问：中国经济政策不确定性对经济增长的影响是否存在区域空间差异？且这些影响是否也具有非线性特征？行业方面，现有研究普遍认为，经济政策不确定性具有典型的逆经济周期特征，这便意味着周期性行业以及抗风险能力较强的行业在经济政策不确定性的周期性波动中会有不同表现，将研究扩展到行业层面，有利于检验本书在区域层面得出的一些结论，也有利于全面厘清中国经济政策不确定性对经济增长的影响。

　　中国宏观调控政策是熨平经济波动的重要手段，经济政策不确定性在给经济增长带来压力的同时，也加大了宏观调控政策的选择和操作难度。在当前不确定因素繁多的市场环境下，稳增长和调结构是未来中国经济发展的突破口。评估不确定性环境下不同调控政策对经济增长影响的有效性，能够为不确定性环境下的政策选择提供参考。因此，本书在较为全面地分析了经济政策不确定性对经济增长的影响之后，进一步探讨了经济政策不确定性下宏观调控政策对经济增长影响的有效性。

1.1.2 研究意义

1.1.2.1 理论意义

本书通过构建理论模型和半参数计量经济学等实证模型将经济政策不确定性、产出和技术进步放入同一框架，致力于全面探讨经济政策不确定性对产出和技术进步的影响，既扩展了现有的理论模型，丰富了该领域研究的不足，也在实证上将三者之间的关系进行了国际、国内区域空间和产业维度上的检验，有助于深入了解不同时期中国经济政策不确定性对技术进步和产出的影响机理，为未来进行更加深入的研究做铺垫。同时，对不确定性环境下中国宏观调控政策对经济增长影响的有效性进行实证分析，也能够为不确定性下的宏观调控理论提供经验支撑。最后，在计量经济学研究方法上，本书将非参数回归模型计量经济学理论和全局向量自回归模型进行结合，提出了半参数全局向量自回归模型，并给出了相应的估计方法，这一研究也能够丰富现有计量经济学理论。

1.1.2.2 实践意义

进行经济政策不确定性的国际关联和动态传导实证研究，对分析中国经济政策不确定性的外部来源，准确认识和防范不确定性的外来冲击具有理论指导意义。将技术进步和产出增长纳入经济增长的范畴，从国际层面再到国内区域空间和产业层面深入分析经济政策不确定性对经济增长的影响，有助于加深对经济政策不确定性影响的认识，对在不确定环境下，通过把握经济政策不确定性的变动区间稳定经济增长具有一定的现实意义。在分析经济政策不确定性对经济增长影响的基础上，探讨宏观调控政策在不确定性环境下的有效性，能够为不确定性下的政策选择提供参考。

1.2　研究内容和技术路线

1.2.1　研究内容

研究内容主要分为 8 章。

第 1 章为绪论。本章首先从本书的选题背景和研究意义上进行阐述，对相关文献进行梳理，找出研究切入点，确定本书研究内容，拟定合理的研究方法并阐述具体的技术路线，最后说明本书研究的主要创新点。

第 2 章为理论基础。在相关概念的界定上，先后对经济政策不确定性的内涵和技术进步的概念进行了系统性定义。在区分经济不确定性和政策不确定性的基础上，定义了经济政策不确定性的内涵并确定了本书经济政策不确定性所采用的度量方式。将技术进步进行不同的细分，比较分析了广义技术进步和狭义技术进步，并对比了测量技术进步的三种主要方法，进而确定了本书技术进步指数的计算方法。在相关理论基础方面，本章对国内外经济政策不确定性影响经济增长的理论进行概括和总结，主要从经济增长理论、国家干预理论、实物期权理论和融资溢价理论等方面进行阐述。

第 3 章为经济政策不确定性、技术进步与产出的特征及关联分析。首先，进行了中国经济政策不确定性统计特征分析、经济政策不确定性的国际比较分析、经济政策不确定性的国际关联分析；其次，从不同层面分析比较了中国全要素生产率及其对产出增长的贡献；最后，采用协整检验和非线性格兰杰因果检验等方法识别了经济政策不确定性、技术进步和产出之间的线性和非线性特征。上述分析为后面实证研究的开展奠定了基础。

第4章为经济政策不确定性的跨国传导及其对经济增长影响的国别差异。先分析了经济政策不确定性的来源及其对经济增长的影响机制，然后，基于全球19个主要国家数据和贝克等（Baker et al.，2016）构造的经济政策不确定性指数，通过构建全局向量自回归模型对相关理论机理进行检验，用广义脉冲响应函数进行实证分析。探讨研究经济政策不确定性的国际传导效应，对比分析不同类别国家EPU对产出和技术进步的影响，并比较了不同国家技术进步在经济政策不确定性影响总产出路径中所占比重。

第5章为中国经济政策不确定性对区域产出和技术进步的影响研究。本章先构建了一个简单的内生增长理论模型分析经济政策不确定性如何影响个体人力资本投资及增长，进而对总产出产生影响。同时，结合第3章经济政策不确定性、技术进步和产出之间的关系识别，利用中国29个省份的面板数据和经济政策不确定性时间序列数据，构建半参数全局向量自回归模型进行实证研究，分区域探讨经济政策不确定性对产出和技术进步的非线性影响，分析产出和技术进步之间的区域空间影响，也检验经济政策不确定性对出口和投资的影响。

第6章为中国经济政策不确定性对行业产出的影响及技术进步的调节作用。从中国细分19个行业层面讨论经济政策不确定性对行业产出的影响，考察技术进步的调节作用，并分样本对此展开细化分析。

第7章为经济政策不确定性下宏观调控政策对产出和技术进步影响的有效性研究。本章在对宏观调控政策有效性进行分析后，通过构建TVP－VAR模型和反事实分析方法研究了价格型货币政策和信贷政策在不确定性环境下对产出和技术进步调控的有效性。

第8章为研究结论、建议与展望。本章主要总结了研究结论，从国际层面、区域层面和行业层面思考并提出应对经济政策不确定性的政策建议，总结本书研究的局限及指出未来研究方向。

1.2.2　技术路线

本书技术路线如图 1 - 1 所示。

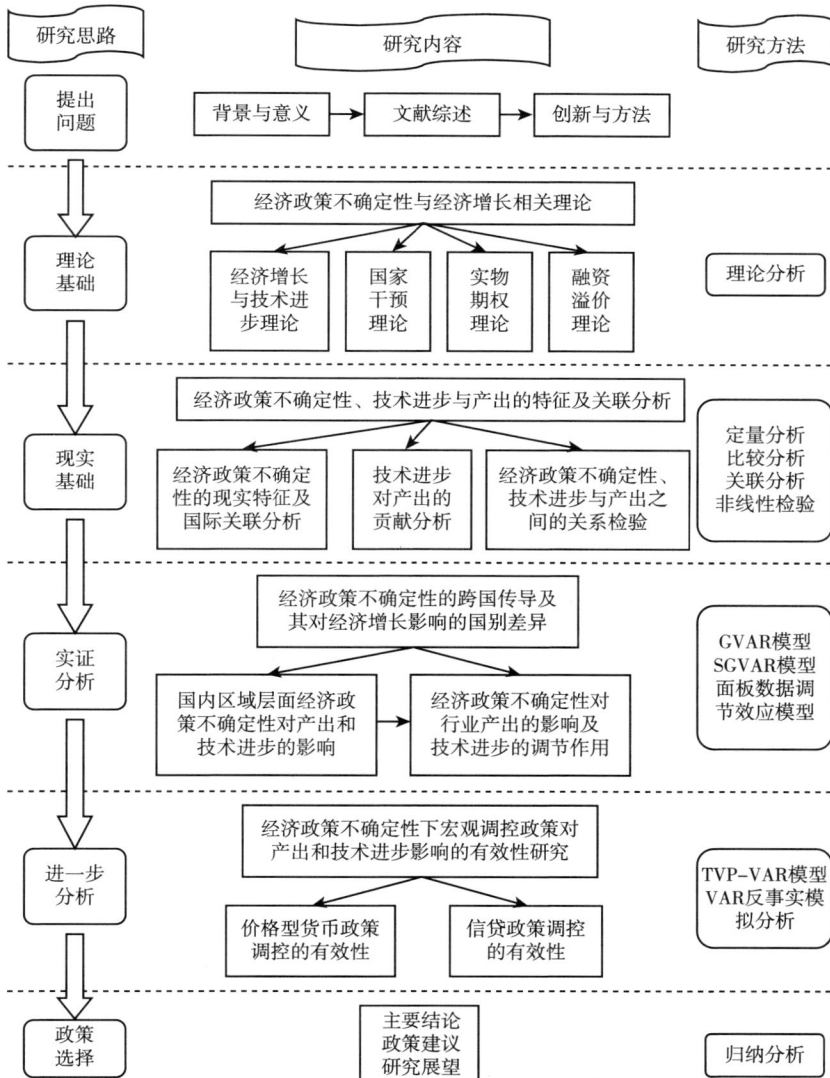

```
研究思路                    研究内容                      研究方法

提出问题    ┌──背景与意义──→文献综述──→创新与方法

理论基础    经济政策不确定性与经济增长相关理论            理论分析
            ┌──────┬──────┬──────┬──────┐
            经济增长   国家     实物     融资
            与技术进   干预     期权     溢价
            步理论     理论     理论     理论

现实基础    经济政策不确定性、技术进步与产出的特征及关联分析   定量分析
            ┌──────────┬──────────┬──────────┐       比较分析
            经济政策不确定   技术进步   经济政策不确定性、   关联分析
            性的现实特征及   对产出的   技术进步与产出之     非线性检验
            国际关联分析     贡献分析   间的关系检验

实证分析    经济政策不确定性的跨国传导及                GVAR模型
            其对经济增长影响的国别差异                  SGVAR模型
            ┌──────────┬──────────┐              面板数据调
            国内区域层面经济政   经济政策不确定性对     节效应模型
            策不确定对产出和     行业产出的影响及
            技术进步的影响       技术进步的调节作用

进一步分析  经济政策不确定性下宏观调控政策对            TVP-VAR模型
            产出和技术进步影响的有效性研究              VAR反事实模
            ┌──────────┬──────────┐              拟分析
            价格型货币政策       信贷政策调控
            调控的有效性         的有效性

政策选择    主要结论                                    归纳分析
            政策建议
            研究展望
```

图 1 - 1　技术路线

1.3 研究现状分析

近年来，经济政策不确定性作为研究热点受到学术界的广泛关注。经济政策不确定性作为不确定性的特定表现形式，涵盖了货币、财政、产业和对外经济政策等宏观层面的总体不确定性，会对整体层面的投资、进出口贸易、消费、就业和全要素生产力等宏观经济变量产生一定的影响。相比于研究特定经济政策或官员变更对个体企业或具体经济领域的影响（Korajczyk and Levy，2003；祝继高和陆正飞，2009；Aisen and Veiga，2013；吴一平和尹华，2016；陈德球等，2017），经济政策不确定性则更适用于从宏观层面分析不确定性的整体影响。2008 年金融危机后，经济政策不确定性甚至被认为是阻碍经济复苏的主要原因之一。本书主要关注经济政策不确定性对经济增长在产出规模和增长效率（技术进步）方面的影响。

1.3.1 经济政策不确定性对宏观经济增长的影响

在产出规模上，消费、投资和进出口的变动是影响经济增长的重要因素。许多学者分别从微观和宏观视角出发，研究了经济政策不确定性对消费、投资和进出口的影响，由于研究对象和数据的不同，所得结论也并不完全一致。

1.3.1.1 经济政策不确定性对消费的影响

消费是经济增长的重要驱动力之一，消费者受限于信息不对称和非理性等因素往往使自身的消费决策处于被动的不确定性经济环境。中国有着庞大的消费市场，政府在资源配置和经济运行方面有着较强的主导力量，随着经济运行态势的变化，政府会适时调整各类消费政策，经济政策不确定性指数也会上升。凯恩斯预防性储蓄理论指出，为应对不确定性，家庭都存在预防性储蓄倾向，经济政策不确定性上升必然导致预防性储蓄的上升，进而导致消费的降低（王冬和王新，2014）。

利兰德（Leland，1968）提出的预防性储蓄理论较为全面地分析了不确定性对消费行为的影响，其通过效应函数推导出在不确定性情况下微观个体消费行为会变得更加谨慎的结论。而后续较多研究也是基于预防性储蓄理论展开的（Shin and Kim，2018）。陈国进等（2017）通过构建理论模型发现EPU 上升会降低家庭消费水平。张龙和刘金全（2019）研究发现，城镇居民对经济政策波动较为敏感，预防性储蓄动机更强，EPU 对消费具有抑制效应，而农村居民政策敏感性较低，消费惯性较大，EPU 反而对消费具有轻微促进作用。张喜艳和刘莹（2020）认为，消费升级包括消费结构升级和消费品质升级，EPU 主要通过导向效应促进消费结构升级，通过预防性储蓄效应抑制消费品质升级，但这些效应在农村和城镇存在明显的异质性。南永清等（2022）基于时变参数向量自回归模型研究了经济政策不确定性对城镇居民消费的影响，研究发现，EPU 对居民消费总体上具有促进作用，但也可能抑制消费潜力的释放。金雪军等（Jin et al.，2022）研究结果表明，家庭债务与消费之间存在正相关关系，然而更高水平的经济政策不确定性不仅削弱了这种积极关系，而且抑制了家庭债务对消费结构的影响。

1.3.1.2　经济政策不确定性对投资的影响

企业是构成宏观经济的重要单元，市场环境和经济发展水平对企业经营管理活动影响巨大。较为明朗的政策环境能够使企业形成明确的预期，而经济政策不确定性会使企业对未来产生迷茫（孟庆斌和师倩，2017）。伯南克（Bernanke，1983）最早开启了政策不确定性对经济增长的影响研究，其在投资不可逆和政策不确定性的假定下，推导出投资者只有在推迟投资的决策成本超过等待新信息可获得的预期价值时才会进行投资的结论。亚伯和埃伯利

（Abel and Eberly，1999）讨论了不确定性对不可逆投资的短期"使用者成本效应"和长期"遗留效应"，由于这两种效应对投资具有相反的作用，使得不确定性对投资的总影响变得模糊。贝克等（2016）构建了全球主要经济体的经济政策不确定性指数，为后续实证研究的开展提供了数据基础。朱利欧和尤卡（Julio and Yook，2012）发现政策不确定性对企业投资起到明显的抑制作用。王红建等（2014）用中国 A 股非金融类上市公司为样本，研究发现经济政策不确定性上升会增加企业现金持有水平，且这种现象在市场化程度越低的地区越敏感。汉德利和李茂（Handley and Limao，2015）研究认为，政策不确定性在对外开放的情况下不仅会影响企业投资和进入决策，也会影响企业在出口市场的进入。王等（Wang et al.，2014）认为，EPU 上升会对企业投资产生抑制作用，但投资效率高的企业能够降低 EPU 对企业带来的负面影响。李凤羽和杨墨竹（2015）研究认为，EPU 的上升会对企业投资产生抑制作用，这种抑制作用在 2008 年金融危机后更加明显，得出类似结论的还有韩国高（2014）、饶品贵等（2017）。谭小芬和张文婧（2017）研究发现，EPU 上升可以通过实物期权和金融摩擦抑制企业的投资行为，而实物期权渠道占据了主导地位。许天启等（2017）研究发现，EPU 上升还会造成企业融资成本的上升，但融资成本上升的高低同企业的性质存在一定的关系。纪洋等（2018）研究发现，EPU 指数每增加一个标准差，国有企业杠杆率会增加2.05 个百分点，非国有企业则会下降 1.35 个百分点，这种差异在金融抑制较强的区域更加明显。许罡和伍文中（2018）则发现，EPU 上升会压缩实体企业的市场套利空间，进而抑制公司的金融化投资。吕相伟（2018）发现，EPU 上升还会减少企业家的生产活动，导致企业家的活动"黏性"。黄虹（2021）认为，EPU 也会通过风险感知和模糊性厌恶影响投资者情绪，进而对企业投资产生不利影响。荆中博等（2021）基于上市房地产公司的财务数据研究发现，EPU 上升会抑制房地产企业实体投资和金融化。彭涛等（2021）通过理论和实证研究均表明，EPU 上升会降低企业的风险投资，也会负向影响风险投资退出绩效间接降低风险投资。朱丹和潘攀（2022）通过对上市公司的研究发现，EPU 会降低银行的风险承担意愿，进而会减少银行对企业的信贷投资。

虽然在全球经济低迷时期，政府为了刺激经济增长会通过各种政策途径扩大投资，然而，现有研究表明，政策不确定性的上升依旧会拉低整体经济的投资水平，降低增长的有效性，从而阻碍经济的增长。金雪军等（2014）使用 EPU 指数研究了政策波动对宏观经济的影响，得到了政策不确定性冲击对消费、出口、投资等有反向作用的结论。黄宁和郭平（2015）研究表明，政策不确定性对中国经济增长、投资和消费等都会产生短期的负向作用。吴雨濛等（2017）实证表明，EPU 上升会导致投资增长率的下降，进而抑制整体经济的增长。

除了对国内投资产生影响，EPU 还会在国际层面对外商直接投资（FDI）和对外直接投资（OFDI）产生影响。陈等（Chen et al.，2017）研究发现，中日政治争端会通过影响跨国企业的投资信心，降低中国 FDI 水平。阮金等（Nguyen et al.，2018）研究表明，母国和东道国之间的政策不确定性相对差异会显著影响双方的 FDI，当母国公司的 EPU 相对较低时，会增加 FDI 的流入，但金融衍生工具能够有效对冲 EPU 风险。杨永聪和李正辉（2018）通过构建动态面板模型实证检验了 EPU 对中国 OFDI 的影响，发现中国 OFDI 规模同国内 EPU 呈正相关，同东道国 EPU 呈负相关，中国更倾向于对 EPU 水平相对较低的国家进行投资。黄友星（2022）认为，美国 EPU 的上升会抑制中国对美 FDI 投资，且该投资还因具体领域、FDI 特点和时空演变的不同而存在异质性；刘宇等（2022）还发现，在 EPU 上升的环境背景下，中国对外直接投资产生了明显的全球价值链降级效应。许毓坤等（2022）通过引入随机前沿引力模型，实证分析了中美两国 EPU 在中国对区域全面经济伙伴关系国（RCEP）投资效率的影响，发现中国 EPU 会起到抑制效应，而美国 EPU 起到相反的效果。

在具体行业层面。许宝丽（2021）通过实证检验表明，EPU 会促进农业企业的创新投资，但股权集中度能够起到逆向调节作用。毛丽娟和刘奕（2022）研究发现，EPU 的不断上升还给中国旅游业投资带来了明显的负面效应，给旅游业的经营和发展带来了阴影；迭戈等（Diego et al.，2023）研究表明，美国 EPU 上升也会对美国酒店投资产生负面效应；科库特等（Korkut et al.，2023）发现，EPU 上升会抑制可再生能源领域的投资行为。

1.3.1.3 经济政策不确定性对进出口的影响

对进出口的影响是政策不确定性影响宏观经济增长的另一个重要途径。谢波提洛和斯图卡茨（Shepotylo and Stuckatz，2017）研究表明，贸易政策不确定性对进出口和对外投资有明显的抑制作用，并利用乌克兰制造业对此进行了验证。魏友岳和刘洪铎（2017）利用 1995~2014 年中国对全球贸易伙伴的出口贸易数据，将中国的出口增长分解为扩展边际和集约边际，研究表明，经济政策不确定性对扩展边际存在显著的抑制效应，但对集约边际的影响则不确定。格林兰等（Greenland et al.，2019）也得出了类似的结论。谢申祥和冯玉静（2018）以中国工业企业微观数据为基础，研究表明国内经济政策不确定性升高会提高国内企业的出口意愿和出口量，出口目的国经济政策不确定性升高，则会抑制国内企业的出口意愿，也会降低国内企业出口量。钱学锋和龚联梅（2017）研究发现，区域贸易协定能够降低贸易政策不确定性，进而带动中国制造业的出口。同时，贸易政策的不确定性还对进出口企业的市场进入和退出行为产生影响（Feng et al.，2017）。刘竹青和佟家栋（2018）则发现，国内外政策不确定性均会阻碍中国出口贸易，而且会同时影响其广义边际和集约边际。此外现有研究还表明，经济政策不确定性的上升还会影响企业出口决策、出口技术分布、出口技术复杂度等（綦建红等，2020；刘啟仁等，2020；胡沅洪等，2021）。

以上研究主要基于 EPU 对宏观经济影响的线性假定，并未识别和刻画其对宏观经济的非线性影响，得出的结论可能存在偏差。为了弥补这方面的不足，诺达利（Nodari，2014）采用非线性平滑转换 VAR 模型实证检验了政策不确定性对美国宏观经济的影响，发现相比于经济繁荣时期，政策不确定性在经济低迷时期对美国宏观经济产生的负面影响更大；张玉鹏和王茜（2016）基于门槛 VAR 模型和反事实分析实证考察中国政策不确定性的非线性宏观经济效应，研究发现，在经济繁荣时期，政策不确定性对产出增长存在负向影响，但在经济低迷时期，政策不确定性会通过刺激消费和企业投资对产出增长产生正向冲击。刘镜秀和门明（2015）基于平滑转移向量自回归模型研究发现，经济政策不确定性的冲击通过实物期权机制对投资和产出造成短期的负面影响，加大了宏观经济的波动性，同时，金融摩擦使得经济政策不确定性冲击对宏观经济的影响呈现非对称性。王雄等（2022）应用面板门槛效应模型研究表明，EPU 对企业投资效率存在先促进后抑制的倒"U"型非线性影响，且在 EPU 低门槛区间企业的政治关联会加重抑制效应，在高 EPU 区间，企业的政治关联的作用不明显。林凌等（2022）采用 TVP – VAR – SV 模型研究发现，国际经济政策不确定性对中国经济增长的时变性影响总体为负。张成思等（2023）构建了企业的货币政策感知指数，研究表明企业对货币政策的积极感知能够弱化 EPU 对企业实体投资的抑制效应。

不难发现，除大部分学者从消费、投资和进出口方面研究 EPU 对宏观经济的影响外，也有不少学者开始从其他方面探寻 EPU 对经济增长的影响。贝克等（2016）运用 VAR 模型分析了美国政策不确定性对经济产出和就业的影响，研究认为政策不确定性导致了美国（2006～2011）工业产出下降了2.5%，增加了 240 万人失业。罗美娟和郭平（2016）利用 2005 年世界银行营商环境调查数据，研究发现政策不确定性显著减少了企业产能利用率。张喜艳和陈乐一（2017）研究了 EPU 对经济周期协同的影响，发现发达国家间EPU 低，经济周期协同度高且稳定，发展中国家 EPU 差异大波动强，经济周期协同度弱于发达国家。谭莹等（2018）研究表明，经济政策不确定性对产业链不同环节及不同时期的冲击均存在差异性，经济因素不确定性比政策因素不确定性对农产品产业链的价格冲击更大。陈国进等（2017）将内生的消费习惯形成因素引入包含政策不确定性资产定价模型中，发现政策不确定性会通过影响企业利润率、家庭消费和风险资产投资比例，进而影响企业账面价值和股票价格。得出类似结论的还有杜尔涅夫（Durnev，2010）、林建浩等（2014）。顾研和周强龙（2018）还发现，政策不确定性上升会促使企业资本结构趋于保守。

1.3.2　经济政策不确定性与技术进步

从总体上看，经济政策不确定性对技术进步的影响研究主要体现在经济政策不确定性对创新和研发投入的相关分析上。

增加研发投入是促进科技进步的有效途径。当外部环境动态变化时，企业缺乏关于顾客需求的完全信息（王凯和武立东，2016），宏观经济政策的不确定性能够敦促企业通过增加研发投入谋求"自我发展"效应，这种效应在易受不确定性影响的企业中表现尤为明显（孟庆斌和师倩，2017）。王亚妮和程新生（2014）认为，在企业资源较为富足时，环境不确定性的增加有可能促进企业将冗余资源用于创新，阿塔纳索夫等（Atanassov et al.，2015）和顾夏铭等（2018）认为，EPU 会对企业创新产生激励效应和选择效应，政策不确定性上升会正向影响上市公司的 R&D 投入和专利申请数量。对此，一些经验研究也为此提供了佐证（Miller and Friesen，1982；Stein and Stone，2010；汪丽等，2012；顾群等，2020；席龙胜和张欣，2021）。不仅如此，布劳威尔（Brouwer，1996）在熊彼特模型的基础上，研究还发现不确定性会刺激知识等消息的扩散，提高企业人力资本利用率，进而提高企业的创新效率。

然而，也有学者对此持有相反的观点。曼索（Manso，2011）认为，创新项目成功与否在很大的程度上与经济政策相关，所以等待期权的价值对于企业的研发与创新活动更加重要，当企业面临较高的不确定性环境时，企业创新项目会被推迟。许（Xu，2017）用美国公司作为样本研究表明，企业的资本成本上升是经济政策不确定性抑制企业创新投资的主要渠道。

当前，也有少部分学者开始关注经济政策不确定性对全要素生产率的影响。张豪等（2017）认为，政府官员更替会引起政策不确定，进而对全要素生产率产生影响，其研究表明政策不确定短期内会降低企业的全要素生产率水平，这种影响比高管更替带来的影响更大。段梅和李志强（2019）研究发现，企业的融资约束是经济政策不确定性影响全要素生产率的重要途径，因此，融资约束受经济政策不确定性冲击影响较大的企业在面临经济政策不确定性时，全要素生产率水平更低。除技术创新能力之外，资源配置效率是影响全要素生产率的另一个重要因素。杨筝（2019）研究表明，经济政策不确定性虽然促进了企业创新投入，这能够带来技术提升，但经济政策不确定性也会引起资源错配，且资源错配在经济政策不确定性影响全要素生产率的过程中起到了决定性作用。王丽纳等（2020）利用制造业上市公司数据实证检验了 EPU 对制造业全要素生产率的影响和作用机制，发现产品创新和企业金融化是 EPU 阻碍制造业全要素生产率提升的重要传导路径。陈启斐（2021）基于双边服务贸易的数据考察了 EPU 上升环境下，服务贸易对全要素生产率的影响，实证表明 EPU 上升会抑制服务贸易对全要素生产率的提升。刘帷韬等（2021）研究发现，EPU 上升会引起企业投资决策的偏误，产生的非效率投资最终会对企业全要素生产率的提升造成负面影响。同时，牛心怡（2023）研究还发现，EPU 对全要素生产率产生影响的过程中，会通过融资约束和会计信息质量起到重要的调节作用。

1.3.3 研究成果述评

综上所述，现有研究就经济政策不确定性与经济增长之间的关系做了较为全面的分析，在经济政策不确定性对技术进步的影响方面也取得了一些进展，相关研究获得了一系列具有理论和现实指导意义的结论，但当前研究仍存在以下不足。

研究对象上，一部分研究主要讨论了经济政策不确定性对投资和进出口的促进或抑制作用，反映的是EPU对经济增长在总量规模上的影响。而另一部分研究分析了经济政策不确定性对创新和研发投入的影响，体现了EPU对经济增长效率的影响。然而，目前尚未有研究将EPU、产出和技术进步纳入一个统一的框架进行研究。实际上，技术进步是宏观经济产出增长的动力源泉，技术进步内生于经济增长过程，也是经济增长在质量和效率上的体现。在统一增长框架下，经济政策不确定性既会对经济社会总产出产生影响，也会对技术进步带来一定的冲击，相互之间的关系交织于整个经济发展过程，因此，有必要在统一框架下将三者之间的关系进行讨论。另外，目前关于EPU对技术进步的研究更多的是集中在EPU对创新的影响上，虽然创新是技术进步的重要途径，但在开放的经济条件下，技术的引进、转移或扩散也会受EPU的影响，因而，在更为广泛的视角下讨论EPU对技术进步的影响也具有一定的现实和理论意义。

研究视角上，现有研究主要从微观企业视角或者整体视角分析EPU与总产出或技术进步的数量关系，而少有从区域空间层面或者产业层面进行分析，也鲜有研究从全球视角进行对应的分析。一则，区域空间发展的异质性在中国显著存在，经济政策不确定性产生的影响在不同区域可能存在差异；二则，各国之间的经济政策不确定性具有关联性和相互"感染"特征，也会对相互之间的贸易往来和投资造成一定的影响，进而对一国经济增长带来影响。

研究方法上，相关研究主要采用VAR类方法或者DSGE方法从时间层面考察EPU对产出或技术进步的影响，少有研究同时从时间和空间层面进行分析。由于我国经济省域空间差异明显，即使是同一政策变化也会对不同经济个体产生异质性影响，加之省域间还易产生空间外溢效应。对此，有必要从时空层面具体考察三者之间的关系。同时，上述实证研究大多基于变量之间的线性关系假定，而少有研究是在对变量之间的具体关系进行充分识别后进行的。虽然已经有少数学者注意到了 EPU 对经济增长的非线性影响，并采用了诸如 TVAR 和区制转换回归等模型进行了研究，但鲜有学者在统一框架下就 EPU、产出和技术进步之间的关系进行分析，也没有讨论技术进步在 EPU 影响产出过程中所起的作用。

结合现有研究成果及所存在的问题，本书研究拟开展以下几方面的工作：一是将 EPU、产出和技术进步纳入统一分析框架，从理论和实证角度分析 EPU 对产出和技术进步的影响。二是通过非线性格兰杰因果检验等方式识别出 EPU、产出和技术进步等变量之间的具体关系，构建半参数全局向量自回归模型（SGVAR）对变量之间的非线性关系进行刻画。三是分别从全球主要国家层面研究政策不确定性是否存在国际溢出效应和相互传导效应，对比分析不同类别的国家 EPU 对产出和技术进步的影响是否存在差别，其长期和短期影响如何等；从中国区域空间层面分析 EPU 对经济增长影响的空间异质性、非线性关系和空间溢出等，利用非参数偏导图刻画不同变动幅度的 EPU 对产出和技术进步的影响；从产业层面分析 EPU 对不同行业产出的影响及技术进步在其中所起的作用。

1.4 主要创新点与特色

1.4.1 本书的创新点

（1）本书将经济政策不确定性、技术进步和产出放入同一框架下进行研究，较以往从投资或贸易方面讨论经济政策不确定性对经济增长的影响或研究 EPU 对创新和研发投入的影响，本书既揭示了经济政策不确定性对经济增长在数量上（产出总量）和效率上（技术进步）的影响，也刻画出了经济政策不确定性、产出和技术进步之间的内在关系。

（2）从国际层面、国内区域空间层面和产业层面逐步深入研究经济政策不确定性对经济增长的影响，并探讨了不确定性环境下不同宏观调控政策对经济增长影响的有效性。跨国层面上，针对现有文献忽略了经济政策不确定性的国际动态传导以及经济政策不确定性对经济增长的影响，通过构建全局向量自回归模型，重点分析了中国、印度、日本、英国和美国经济政策不确定性的跨国传导及其对产出和技术进步影响的跨国差异。区域层面上，通过构建半参数全局向量自回归模型探讨了经济政策不确定性对中国东部、中部、西部三大区域产出和技术进步的非线性影响。基于上述两章的分析，进一步从行业层面考察经济政策不确定性对行业产出的非线性影响和技术进步在其中的调节作用。值得一提的是，目前鲜有学者对上述研究内容展开分析，本书研究的开展有助于全面了解中国经济政策不确定性的来源并厘清其对经济增长的影响。最后，分析不同宏观调控政策在不确定性环境下的作用效果，也能为未来宏观调控政策的选择提供参考。

（3）将非参数回归模型和全局向量自回归模型（GVAR）相结合，构建了半参数全局向量自回归模型（SGVAR）。用非线性格兰杰因果检验、BDS检验对变量关系进行识别之后，将非参数回归模型计量经济学理论同 GVAR 模型进行有效结合，提出半参数全局向量自回归模型，并给出了参数估计过程，用以刻画区域空间视角下中国经济政策不确定性对产出和技术进步的影响，研究发现经济政策不确定性对产出和技术进步的影响存在区域异质性和非线性特征。同时，相关研究在一定程度上丰富了现有计量经济学理论。

1.4.2　本书的研究方法

本书主要采用理论分析与实证分析相结合的方法从国际层面、国内区域层面和行业层面就经济政策不确定性对经济增长的影响进行分析，在梳理和概括现有国内外研究和相关理论的基础上，借助 Eviews、R 软件、Matlab、stata 等计量分析软件对文章实证部分展开研究。本书主要研究方法如下所述。

（1）文献研究法。通过收集和阅读国内外相关文献，对与本书相关的文章进行归纳和梳理，把握研究的前沿和最新动态，总结现有关于经济政策不确定性与经济增长研究的不足，提出了改进办法并确定性了本书的研究框架。同时，本书还系统梳理了经济政策不确定性、技术进步和产出增长的相关理论，分析了经济政策不确定性对经济增长的作用过程，为本书研究的开展奠定了理论基础。

（2）数量分析法。统计学和计量经济学的分析方法能够帮助我们识别经济活动及经济变量之间的数量关系，能够刻画并揭示经济现象背后的逻辑，能够强化并验证相关理论模型在特定背景下的合理性及有效性。本书研究主要采用非线性格兰杰因果检验、BDS 检验、关联分析法、全局向量自回归模型、半参数全局向量自回归模型、面板数据模型、时变参数向量自回归模型和反事实分析方法对 EPU、技术进步和产出之间的关系进行全面分析。

（3）规范分析法。规范分析主要解决"应该是什么"和"应该怎么做的问题"。本书在阐述经济政策不确定性相关概念和理论、对经济政策不确定性影响经济增长的实证结果进行可能性解释、提出政策建议时也运用了规范分析的方法。

1.5 本章小结

随着国内外经济政策不确定性的加剧，其给经济增长带来的影响日益受到学术界的重视。本章总结如下。

（1）从经济政策不确定性的来源、表现及影响论述了选题背景，并阐述了本书研究的理论意义和实践价值。

（2）对经济政策不确定性影响产出和技术进步的研究现状进行了回顾与述评，发现了当前研究在研究对象、视角和方法上的不足，并在此基础上提出本书拟开展的工作。

（3）阐明了本书各章研究的主要内容、技术路线、研究方法。结合现有研究，从研究思路、研究内容和研究方法上总结了本书的主要创新点。

| 第 2 章 |

理论基础

2.1　相关概念的界定

2.1.1　经济政策不确定性的内涵

芝加哥大学经济学家奈特（Knight，1921）最早对不确定性进行了定义，并区分了不确定性和风险。他认为，不确定性是指行为主体难以把握一项决策或活动的未来收益概率分布和状态，进而不能将各种可能性结果进行具体量化，而风险的分布类型是可知的，经验概率也是可计算的。不确定性源于行为主体无法根据有限信息来判断事件发展趋势，这种情况下宏观经济不确定性表现为市场中所有个体不确定性的加总。

不确定性是一个相对广泛的概念，在经济学领域的研究中往往将不确定性划分为经济不确定性和政策不确定性。经济不确定性是指经济参与者对未来经济走向判断的偏差，即实际结果和预期之间的误差。对于经济不确定性，现有学者主要从宏观和微观层面对不确定性进行度量。宏观层面的经济不确定性指标测度包括国内生产总值（GDP）、投资、汇率等宏观经济变量的波动（Leahy and Whited，1996；Ghosal and Loungani，1996）、股指或期货价格指数的波动（Schwert，1989；Bloom，2007）、政治选举或换届（朱利欧和尤卡，2012；杨海生等，2014；阿塔纳索夫等，2015；罗党论和佘国满，2015；吴一平和尹华，2016）、政治版图变动（Kim and Kung，2017）和专业人员对未来经济的预测分歧（Boero et al.，2008；Bachmann et al.，2013）等；微观层面的经济不确定性指标一般采用资本市场价格的变动作为其代理变量，如，股票价格的方差或标准差、企业经营业绩的波动等（Baum et al.，2008；申慧慧等，2012）。对于政策不确定性的研究则相对细化，来自不同领域的学者们探讨了如能源政策不确定性（Barradale，2010）、财政或货币政策不确定性（Aizenman et al.，2010；许志伟和王文甫，2018；王博等，2019）、关税政策不确定性（李胜旗和毛其淋，2018）、贸易政策不确定性（钱学锋和龚联梅，2017；郭晶和周玲丽，2019）等不同领域政策不确定性带来的影响。

经济政策不仅是政府用来矫正市场失灵的工具，同时也是塑造市场经济环境的重要手段。经济政策的制定可以改变市场行为主体追求利益最大化的游戏规则，一般情况下，政府需要对比制定新经济政策面临的政治成本和整体社会收益的大小，只有整体社会收益较政治成本高时才执行新经济政策。而经济政策的政治成本往往难以预测，这便导致了经济政策不确定性的产生（Pastor and Veronesi，2012）。雅之（Masayuki，2013）分析得出，经济政策不确定性是经济不确定性的重要来源。贝克等（2016）认为，经济政策不确定性指由一系列政策引起的社会对未来经济增长不确定性因素的集合。饶品贵等（2017）指出，经济政策不确定性是对不确定概念的细化，是从宏观调控政策方面对不确定性的具体量化，这些不确定性涉及政策预期、政策执行和执政立场等方面。因此，经济政策不确定性可以定义为经济主体由于无法准确预知政府是否、何时以及如何改变现行经济政策而面临的不确定性（Gulen and Ion，2016）。实际上，经济政策不确定性既是经济不确定性也是政策不确定性的重要组成。李凤羽和杨墨竹（2015）将经济政策不确定性看作"二阶矩"，认为它对经济社会的影响相比于政策不确定性（一阶矩）更为隐蔽，是造成经济衰退的重要驱动力。

故而，经济政策不确定性应该具有以下特性：一是来源上的政治性。经济政策的制定与变动来源于政府的权力机构，能够对市场经济的参与者产生直接或间接的经济影响。二是影响的连续性和跳跃性。经济政策不确定性的影响可能对经济环境造成持续性的变化，也可能使经济发展状态出现突然性的转变。如调节市场所产生的经济政策不确定性具有影响上的持续性，而限制或遏制他国发展产生的不确定性更倾向于具有影响上的跳跃性。三是影响上的差异和难以度量性。经济政策不确定性对不同经济参与者的行为可能造成不同影响，同时，正如前面所述，这种影响是相对隐蔽的，因而难以捕捉。

从数据分析的可利用性上看，虽然部分度量经济不确定性和政策不确定性的代理指标外生性较强，但这些指标在时间上的连续性、时变性及全面性方面却存在明显不足（李凤羽和杨墨竹，2015；张成思，2018）。政策不确定性指标侧重于衡量单一政策的不确定性，未能对经济政策不确定性进行整体度量；而微观经济不确定性指标又容易受企业自身状态变动的影响，在计量分析时易造成内生性问题（王红建等，2014）。为了弥补上述不足，本书在实证中将使用经济政策不确定性指标进行分析。

本书利用贝克等（2016）提出的经济政策不确定性指数度量经济政策不确定性。该测度指标"经济政策不确定性指数"（economic policy uncertainty indices）是由斯坦福大学、芝加哥大学和西北大学三所大学联合发布的。具体地，经济政策不确定性指数是由与经济政策不确定性相关的新闻指数、税法法条失效日指数和经济预测差异指数三个指标数据加权而成，以月度数据的形式对中国、美国、德国、英国、日本等20多个经济体或国家的经济政策不确定性进行评估并对外发布。需要指出的是，虽然各个国家的具体情况不同，数据的可获得性和来源也不一样，但用该方法构造的不确定性指数并不影响国家之间经济政策不确定性的对比研究。中国经济政策不确定性指数由新闻指数构成，是通过统计中国香港《南华早报》文章中带有"经济""政策""不确定性"三类关键词出现频次得到的。基于新闻指数的经济政策不确定性指数能够反映客观经济事实，同上述三个指标加权而成的经济政策不确定性指数差别不大（Gulen and Ion，2015），因此，该指数在国内外关于整体经济政策不确定性的研究中已得到广泛运用。

2.1.2 技术进步的内涵和测算

"技术"一词，可以从不同角度进行定义。如1977年世界知识产权组织将技术定义为：制造一种产品的系统知识。经济合作与发展组织（OECD）将技术定义为：从产品研究、开发到销售整个过程中运用的知识。1983年美国国家科学基金会引用斯科恩的定义，认为技术是扩展人类能力的任何工具或技能，包括有形的设备和无形的方法知识。进而技术进步可被认为是技术所涵盖的所有形式的知识积累和方法改进。

技术进步是人类为实现经济社会的可持续发展，促使生产和组织管理技术不断提升的一个动态过程。沿着学者对技术进步研究的发展历程，可以将技术进步分为广义技术进步和狭义技术进步。狭义技术进步特指技术创新，包括新技术、新工艺、新能源等方面的开发使用，它是科学技术和发明创新在促进经济社会发展方面所取得的进步（李廉水和周勇，2006）。广义的技术进步不仅包含了狭义技术进步的所有内容，还包含管理创新、制度创新以及改善社会资源配置效率等方面的新方法，它是各种知识不断积累和改进的过程（张雄辉，2010）。而从宏观经济学角度来看，技术进步体现为知识积累和生产效率不断提高的过程，是各类科学技术创新在社会生产中具体运用的结果。根据技术进步的驱动因素以及技术进步在生产函数中的引入方式可以将其划分为劳动增强型技术进步、资本增强型技术进步和希克斯中性技术进步；从要素节约角度又可以分为劳动节约型技术进步、资本节约型技术进步和中性技术进步；从要素贡献角度又可分为劳动偏向型技术进步、资本偏向型技术进步和中性技术进步。技术进步也可以理解为是产出增长中不能用劳动和资本积累等投入要素解释的剩余部分。

技术进步受到多种因素的影响，主要包括政策支持、科研投入、人才培养、市场需求等，技术进步的测算是对技术进步水平和效果进行评估的重要手段。在技术进步的测度上，目前主要有三类方法。一是 OP（Olley and Pakes，1996）、LP（Levinsohn and Petrin，2003）和索洛余值法等参数方法。OP 法和索洛余值法是评估全要素生产率的一种常用方法之一，它被广泛应用于经济学研究中，尤其是用于分析产业和企业的生产效率、技术进步和竞争力。该类方法通常假设经济体的生产符合柯布道格拉斯函数，通过对产出、资本和劳动力投入的数据进行计算，得出技术进步的变化趋势。二是根据研究问题寻找相关的替代指标作为技术进步代理变量。如：郝楠和李静（2018）在国际分工和技术扩散的视野下研究技术进步和人力资本积累时，使用了高科技出口占制成品出口比重表示技术进步水平；克洛特等（Cloodt et al.，2006）、阳立高等（2018）在研究制造业升级相关问题时采用了专利授权量来表示地区的技术进步水平；刘伟全（2010）在研究对外直接投资对国内技术进步的影响时分别使用研发费用支出和专利授权量表示技术进步水平。广义的技术进步不仅表现为科学技术进步，还包括管理创新、制度创新等方面的内容（Cheng et al.，2018），相关代理指标仅是技术进步的影响因素或物化表现，它们无法完整体现技术进步的全貌和内在特征，因而，技术进步的代理指标在普遍适用性上存在一定的局限性。三是采用法勒等（Fare et al.，1994）提出的马尔姆奎斯特（Malmquist）指数来刻画技术进步。该方法因无须设定生产函数的具体形式，从而避免了由模型设定失误带来的测度偏差，因此，该方法在现有研究中运用较为广泛（潘雄锋等，2017；罗朝阳和李雪松，2019；程中华等，2019）。

Malmquist 指数最早是由瑞典统计学家和经济学家马尔姆奎斯特（Malmquist，1953）提出，用于研究消费束在不同无差异曲线上的移动。卡弗斯等（Caves et al.，1982）随后将该方法扩展到生产率的分析中，并把测算的生产率指数命名为 Malmquist 指数。法勒等（1994）基于上述生产率指数构建思想，将 Malmquist 指数进一步扩展，并用于测算全要素生产率的变化，后续的大量研究也用 Malmquist 指数来指代技术进步。本书使用基于数据包络分析方法（DEA）的 Malmquist 指数来计算技术进步指数，根据法勒等（1994）的研究方法，从 t 到 $t+1$ 时期的技术进步指数定义为：

$$M(x^{t+1}, y^{t+1}, x^t, y^t) = \left[\frac{d^t(x^{t+1}, y^{t+1})}{d^t(x^t, y^t)} \times \frac{d^{t+1}(x^{t+1}, y^{t+1})}{d^{t+1}(x^t, y^t)} \right]^{\frac{1}{2}} \quad (2-1)$$

其中，x^t 和 y^t 分别为 t 时期的投入和产出变量，$d^t(x^t, y^t)$ 表示 t 时期的距离函数，其余变量与此类似。当 $M > 1$ 时，说明决策单元当前技术进步较前一个时期有所增加；当 $M < 1$ 时，说明决策单元技术进步较前一时期有所退化。

尽管某些研究将 M 指数进一步细化分解为"技术变化"和"效率变化"，前者代表决策单元生产前沿面的移动，后者代表决策单元与技术前沿相对距离变化，但本书同景维民和张璐（2014）的研究一样，认为技术进步指数仍应由 M 指数来反映，而不是将 M 指数分解为技术变化和效率变化。由于技术变化反映的是样本前沿全要素生产率变动，可能来源于技术设备和生产过程相结合的优化，尤其是，在区域差异较大的跨省研究中以少数省份的生产率的变动来衡量整体技术进步并不严谨。另外，效率的变化不仅体现了现行生产对技术的吸收水平，也与决策单元自身资源要素配置相关，配置不当往往源于生产管理漏洞、工人技能水平不高等所造成的浪费，它们虽不是机器设备那样直接的体现式技术，但也是管理运营、技能操作掌握等软实力不足的表现（蔡跃洲和付一夫，2017）。因此，本书认为"效率变化"也应归入广义技术进步的范围。

2.2 相关理论归纳与阐述

2.2.1 经济增长理论与技术进步

马尔萨斯（Malthus，1798）认为，在人类漫长的发展历程中经济产出的增长速度会远远低于人口的增长，他判定即使在发展过程中出现了技术创新，技术创新带来的产出增长也会被人口快速增长所消除，在快速的人口增长面前，技术创新或技术进步不可能带来持续的经济增长。马尔萨斯理论确实能够描述当时世界经济的部分状况，但从后来的客观现实来看是明显错误的。在后续的理论研究中，技术进步引起了经济学家的重视，经济增长理论得到较快发展。从新古典经济增长理论到内生增长理论，再从新熊彼特增长理论到统一增长理论，对技术进步的研究都在不断深化，对技术进步的探讨贯穿了经济增长理论的数个发展阶段。本小节主要从新古典增长理论、内生增长理论、新熊彼特增长理论和统一增长理论来探讨技术进步对产出增长的贡献。

2.2.1.1 新古典经济增长理论

索洛（Solow，1956）与斯旺（Swan，1956）提出了可完全替代要素的新古典生产函数，开启了研究新古典经济增长理论的大门。最初的索洛—斯旺模型假定技术不变，这一假设下递减的要素收益使得产出在达到稳定状态时出现零增长。之后索洛等为了克服这一局限性，开始考虑将外生技术进步引入模型之中。

索洛（1957）将技术进步纳入新古典经济增长理论，强调技术进步在产出中的重要作用。在规模报酬不变、资本和劳动生产要素边际收益递减、不同生产要素具有可替代性的假设前提下，该理论认为产出增长可以表现为资本积累的过程。同时，Solow 模型认为，无论初始状况如何，经济最终总能够收敛于平衡增长路径，该状态下人均产出和人均资本都由技术进步决定。在均衡增长路径上，总产出和资本积累的速度等于劳动和知识的增长率之和。储蓄率外生给定时，储蓄率的变化并不能影响长期经济增长，其只有短期效应而无长期效应，即储蓄率变化只有水平效应而没有增长效应。

为了将储蓄率内生化，卡斯（Cass，1965）和库普曼斯（Koopmans，1965）将拉姆齐（Ramesy，1928）的研究引入新古典经济增长理论，建立了RCK 模型。在 RCK 模型中，家庭和厂商在各自最优化原则下共同决定储蓄率的大小，最终形成一个最优消费路径。家庭在跨期预算约束下，通过调整消费率和储蓄率以获得最大化效用。在这个过程中，家庭追求效用最大化，企业在竞争性市场上追求利润的最大化，储蓄率不再像索洛模型那样假定为外生不变，所以经济社会产出总量的变化取决于微观个体的决策。

由于规模报酬不变，资本的边际收益随资本积累的增加不断下降，进而导致增长动力不足，新古典增长理论为此引入了技术进步。无论是索洛模型还是 RCK 模型，从长远来看，决定经济增长的最终因素都是技术进步。该模型内在假定了劳动和知识都按固定比例增长，并将技术进步作为外生给定的，因而未能在真正意义上解释长期经济增长的动力来源。

2.2.1.2　内生增长理论

由于新古典增长理论将技术进步设定为外生变量，认为长期经济增长来源于外生技术进步和劳动生产率的提升，在经济增长的源泉和差异上缺乏说服力，因此受到一些学者的诟病。内生增长理论为了克服这方面的缺陷，尝试将技术进步内生于经济增长。

"干中学"是指在生产和服务中积累经验，从经验中获得知识积累。经济增长中的"干中学"理论由阿罗（Arrow，1962）提出，其核心思想是，技术进步是知识积累的产物，人们在生产产品时会不自觉地想办法提高生产效率，改进生产技术。阿罗在介绍"干中学"理论时采用了如下社会规律进行解释：当生产的飞机采用新的设计方案时，生产飞机消耗的时间同该飞机已产数量的开立方根成反比例关系。这便意味着，生产效率的提高可以在没有出现新技术或者创新的时候发生，在生产过程中"干中学"促进了知识积累和技术进步。知识的积累并非取决于研发的经济资源，更多的是来自经济活动产生的新技术。"干中学"理论中知识积累的过程通过要素投资来表现，要素投资和知识存量存在一定的函数关系，从而将技术进步内生于模型之中。同时，"干中学"模型假定知识具有完全的外溢性，即企业发明创新出来的新生产技术可以很快被大量其他企业无成本地模仿利用，知识具有公共产品的性质。根据该理论，知识由每个私人企业投资所产生，知识的外溢性也导致私人企业的资本边际产出低于社会资本的边际产出。

"干中学"理论强调了生产中经验知识的积累对技术进步和产出增长的重要作用，认为应该重视投资过程中的"干中学"效应。然而，"干中学"理论仅反映了经验积累对技术进步的重要贡献，且经验积累所表现出的技术进步往往是渐进过程，未能考虑研发投入的作用以及突破性创新技术对增长的巨大作用是该模型存在的缺陷。

与"干中学"理论相对应，内生增长理论的代表人物罗默（Romer，1986）将技术进步内生化，构建了一个无政府干预的次优竞争均衡模型。新古典增长理论认为，随着经济社会的发展，资本收益率和人均产出增长率会呈现出递减趋势，无论经济发展的初始状态如何，相关政策的变动对产出只有短期效应而没有长期增长效应。而该模型把知识看作独立的生产要素，赋予了知识研发投入具有边际生产力递增性质，在将知识同劳动和资本结合进行生产时能够保证产出的增长。此外，罗默内生增长理论还认为，私人企业会放大知识技术对产出增长的贡献，进而随时间变化引起更高的增长，大国因此能够获得更高的产出增速，从而解释了跨国收入差距。

罗默（1990）进一步构建了包含资本、劳动、人力资本和技术指数四要素的三部门动态一般均衡模型。该模型指出，产出增长是由厂商追求利润最大化做出的投资决策所带来的技术变化驱动的，作为投入要素的技术既不是公共产品也不是私人产品，它具有非竞争性和部分排他性。因为知识生产具有外溢性，对其他企业能够产生正的外部性，即使在其他要素投入保持不变的情况下知识依然能够维持增长。这说明对于技术而言，价格机制并非完全有效，模型最终形成了垄断竞争均衡。该模型最后指出，经济增长同人口规模无关，人力资本才是经济增长的最终决定力量。政府相关政策对研发投入的支持和补贴能够提升人力资本和促进技术进步。因此，保持政府宏观经济政策在创新研发方面的稳定性，以及营造良好的创新环境有助于提升技术进步从而促进产出增长。

同罗默的内生增长模型一样，卢卡斯（Lucas，1988）也将人力资本作为独立的要素引入经济增长模型中，模型将经济社会分为消费品生产部门和人力资本形成部门。模型假设人力资本增长是关于时间（在人力资本投资上分配的时间）的函数；知识具有外溢性，个体的人力资本能够影响自身的生产效率（人力资本的内在效应），同时也能通过知识的溢出影响社会生产率（外在效应），模型将知识看作公共产品。该模型将人力资本和索洛技术进步结合在一起，内生化人力资本，认为人力资本的积累是经济增长的决定性因素。根据该理论，人力资本体现为具有劳动技能的无形资本，普通劳动虽然作为投入要素，但并不能带动经济增长。卢卡斯理论拓宽了人力资本的来源，认为人力资本除了可以通过"干中学"方式获得外，还可以通过学校和机构教育得到。按照卢卡斯的观点，人力资本随着生产的扩大而增加，已有产品生产技术能为新产品的生产做铺垫，因而人力资本积累可以是递增的，这也使得人力资本的边际产出表现出递增性质，最终经济能够保持长期增长。

2.2.1.3 新熊彼特增长理论

熊彼特经济增长理论是由 20 世纪著名经济学家熊彼特（Joseph Schumpeter）提出的一种经济学理论，强调创新对经济增长的决定性作用。该理论突出了创新作为经济发展的引擎，与传统的新古典经济增长理论有着显著的区别。首先，熊彼特认为，创新是经济增长的主要驱动力，经济增长不仅是由生产要素（如劳动力和资本）的增加所决定，还是由创新的引入和推动所驱动的。他将创新定义为新产品、新生产方法、新市场和新资源的发现和应用。这种创新不断地打破现有的经济结构，创造新的增长机会。其次，熊彼特将创新过程描述为一种创造性破坏的过程。新的创新会颠覆旧有的产品、技术和市场结构，推动经济的动态变化。这种创造性破坏不仅包括新产品和技术的引入，还涉及企业家的创业活动以及市场结构的调整。最后，熊彼特肯定了企业家精神的重要性。在熊彼特的理论中，企业家扮演着推动创新和经济增长的关键角色。他们通过发现新的商业机会、投入资金和资源、创造新的市场，推动着经济不断发展。总的来说，熊彼特经济增长理论强调了创新对经济增长的重要性，提出了创新驱动经济增长的理论框架，并强调了企业家精神在推动创新和经济发展中的关键作用。该理论对于理解经济发展的动态过程、创新的推动机制以及企业家精神的影响具有重要的理论指导意义。熊彼特增长理论的兴起，又为内生技术进步和经济增长提供了一种新解释（严成樑和龚六堂，2009）。

继承了熊彼特"创造性破坏"的思想，新熊彼特增长理论以罗默（1990）等内生增长理论为基础，认为由经济参与者最优化行为决策导致的研发和创新是推动技术进步和经济增长的决定性力量。根据新熊彼特增长理论，企业为了获得垄断利润而不断增加研发支出，从而带来全社会知识存量的增加，创新由此产生，并推动技术进步实现经济增长。与熊彼特增长理论不同的是，新熊彼特增长理论重点强调了创新的外部性和内生性，以及对整体经济的影响，认为创新不仅带来了直接的经济效益，还会对整个经济体系产生积极的溢出效应，推动技术进步和经济增长。严成樑和龚六堂（2009）根据理论发展的脉络将熊彼特增长理论分为早期内生、半内生和完全内生熊彼特增长模型。

该理论把创新分为水平创新和垂直创新，水平创新是指能够使得产品种类不断增加的创新，垂直创新致力于提升产品的质量。两种创新均能推动技术进步，带动产出增长。与新古典增长理论、卢卡斯和罗默的内生增长理论相比，新熊彼特增长理论除了强调研发创新和知识积累在技术进步和经济增长上的作用外，还突破了完全竞争市场的假设，即厂商具有一定的垄断性。从产业角度看，创新会催生新产品和新产业的出现，引起劳动和资本等配套服务的发展，并沿着产业链进行扩散，进而打破原有的经济平衡，出现新增长动力。

上述结论大多没有考虑不确定性，而在不确定性情况下，熊彼特强调，创新和不确定性是企业家精神和生产力增长的先决条件。布劳威尔（2000）将不确定性引入熊彼特创新模型，认为不确定性强化了工资价格机制，提高了人力资本的利用率，促进了创新投资活动。然而，实际研究中也有学者提出了与上述结论相反的例子。马库斯（Marcus，1981）指出，能源行业政策不确定性会导致技术创新滞后，比如政府许可不确定性导致废热发电技术研发推迟，对污染排放限制的不确定性使复合燃料技术推广受阻。巴塔查里亚等（Bhattacharya et al.，2017）研究发现，政策不确定性会对企业造成政策适应困难，进而阻碍创新。

2.2.1.4 统一增长理论

进入 21 世纪，统一增长理论的出现为经济增长理论带来了新的突破。统一增长理论是一种试图综合不同经济学派别观点的理论，旨在提供一个全面的框架来解释经济增长的机制。这一理论尝试将新古典增长理论、内生增长理论和熊彼特增长理论等结合起来，以更好地预测经济增长的原因。同时，统一增长理论试图克服马尔萨斯理论、新古典增长理论和内生增长理论的不足，为整个人类社会发展历史进程以及经济的内生转型提供合理的解释。统一增长理论在解释工业技术革命对经济社会变迁的作用方面独具优势。该理论把整个人类社会发展历史当作一个整体来进行研究，解释各类要素或经济变量如人口数量、教育水平、技术进步和人均收入等在经济发展或产业变革中的动态变化。统一增长理论中不同生产部门生产模式的变化决定了经济转型过程的差异化。该理论的贡献主要表现在两个方面：一是试图为整个人类历史发展阶段提供整体性解释；二是重点强调人口资源、技术进步和人力资本等对经济发展变迁的作用，为经济社会转型或变迁提供微观理论基础。

统一增长理论重点解释了技术进步在产出增长中的作用。该理论将外生技术进步和内生技术进步都视作经济实现稳定增长的来源，技术进步带来的收入增加能够让家庭有能力抚养更多的子女和进行更好的人力资本投资，从需求侧来看，技术进步能够催生对人力资本的需求，促使人力资本投资增加。人力资本投资增加进一步提高了人力资本水平，从而引起经济从一个较低的发展阶段迈向更高水平的发展阶段，比如从马尔萨斯式发展阶段进入后马尔萨斯式发展阶段，或从后马尔萨斯式发展阶段进入现代经济发展阶段。汉森和普雷斯科特（Hansen and Prescott，2002）在统一增长理论中定义了两种生产技术，一种是需要土地、劳动力和可再生资本作为投入的马尔萨斯技术，另一种是不需要土地投入的索洛式技术进步，研究发现，技术进步是经济变迁的决定性因素，若生产中只使用马尔萨斯式技术进步，则经济发展水平会停滞不前，如果使用索洛式技术进步，则经济能够进入持续增长阶段。加勒和威尔（Galor and Weil，2000）构建的统一增长理论能够为经济社会如何摆脱马尔萨斯陷阱提供有效解释，他们认为人口、教育和技术进步有相互因果关系，技术进步和有限的人口增长是跨过马尔萨斯陷阱进入现代经济增长阶段的关键性因素。

整体上看，统一增长理论能够对技术进步和社会经济变迁进行成功刻画，但统一增长理论在人类发展历史层面对经济增长进行分析时侧重于生产方面的动态研究，忽视了消费者的动态决策，对消费者的储蓄和投资方面缺乏理论性阐述，同时，统一增长理论依靠复杂动力系统模型进行分析，缺乏直观上的经济意义。

综上所述，从经济增长理论的演化路径来看，上述理论无疑都强调了技术进步在产出增长中的决定性作用。然而，纵观现有经济增长理论，在不确定性条件下进行分析的还相对较少。而现有研究表明，不确定性尤其是经济政策不确定性会对创新产生影响，进而会影响技术进步和产出水平（Hek，1999；梁权熙和谢宏基，2019；欧阳志刚等，2019）。因此，在国内外经济环境复杂多变的当下，研究经济政策不确定性对产出和技术进步的影响将变得十分重要。

2.2.2　政府干预理论

在开放国家视角下，政府为发挥国家职能和应对国内外政治经济冲击所作出的政策调整是经济政策不确定性产生的重要原因。在中国特色社会主义制度背景下，政府掌控了大量重要资源，政府制定或变动经济政策会对市场产生重要影响。本小节对政府干预理论的演变进行阐述。

政府干预主义最早起源于重商主义。重商主义产生于 15 世纪下半叶，是高度国家主义的思想产物。重商主义将贵金属当作衡量财富的重要标准，认为国家积累的贵金属越多则越强大。该学派主张国家要主动干预经济，通过出口补贴、进口关税和发展殖民地等方式鼓励出口并限制进口，以达到财富积累效果。该学派认为，国家干预和保护有助于刺激经济和促进就业。此外，出于对幼稚产业和关键产业的保护，重商主义学派强调要实行国家干预和保护政策。例如，阿瑟多布斯在《论爱尔兰的贸易和进步》中阐述道：只对尚处在成长或萌芽期的制造业或有改进的产业进行奖励补助，但之后这些行业如不能通过自力更生获得发展，那么应该放弃对这些行业进行进一步扶持。虽然重商主义强调了政府在经济发展中的重要作用，但在政府行为动机和作用的分析上并不深入（傅殷才和颜鹏飞，1995），重商主义的国家干预未形成完整的理论体系。

古典经济理论强调了市场经济"看不见的手"的力量，认为市场经济能够自发达到均衡，而无须政府去过多干预。直到 20 世纪 30 年代大萧条的出现，古典经济理论在应对经济危机时无能为力，凯恩斯理论顺势取代了古典经济理论成为主流，政府干预理论开始盛行，其标志是《就业、利息和货币通论》的正式发表。凯恩斯理论认为，有效需求不足和工资刚性会导致生产过剩并引起失业，在此基础上，该理论支持政府对宏观经济进行有效干预。凯恩斯主义认为，政府应该采用货币政策和财政政策来使经济达到充分就业的状态，必要时还可以采取赤字财政和通货膨胀手段以熨平经济的波动。

到了 20 世纪 90 年代，金融危机的再次出现使得新自由主义经济思想遭到抨击，产生于 80 年代的斯蒂格里茨（Stiglitz）政府干预理论受到了重视，该理论主要由市场失灵理论和政府经济职能理论构成。斯蒂格里茨认为，市场机制在某些时候能够让资源配置达到最优，但市场失灵是普遍存在的，市场竞争不仅不能够有效解决外部性、垄断和公共产品供给等问题，而且在市场不完备、信息不完全、存在不完全竞争时，市场也不能够达到资源的有效配置。格林沃尔德和斯蒂格里茨（Greenwald and Stiglitz，1986）对上述观点进行了有效证明，这便为政府进行更广泛的干预提供了理论支撑。政府干预经济主要是为了弥补市场失灵，但之前流行的观点是，政府自身也存在失灵的问题，政府的干预行动经常会被认为是无效的。对此，斯蒂格里茨提出了政府的经济职能理论。一方面，他承认政府干预会出现失灵现象，并从多方面论证了政府失灵的存在。另一方面，他认为失灵并不为政府独有，类似的失灵现象在私人部门中同样可以找到，问题的关键是在具体事务中谁的效率会更低。斯蒂格里茨和布朗（Stiglitz and Brown，1988）对此进行了实证研究，通过统计数据和具体事务研究表明，私人部门的效率不比政府高。针对政府部门缺乏竞争、不用承担破产风险等引起的严重缺乏效率的情况，他认为可以通过政府内部竞争、政企合作以及制定法律规范和制度等方式进行校正，从而实现帕累托改进。这一时期的政府干预理论也被称为温和的政府干预理论。

施莱费尔和维什尼（Shleifer and Vishny，1997）总结了经济学关于政府在干预经济时扮演的三种角色。一是"扶持之手"，政府为了解决因外部性、不完全竞争、市场不完备等导致市场机制无法有效运行的缺陷，以全社会福利最大化为目标对市场进行的合理干预；二是"看不见的手"，在市场经济繁荣时，政府仅仅充当了维护社会公平、保障市场经济秩序、完善法律制度的角色，让市场在资源配置上发挥绝对性的作用；三是"掠夺之手"，认为政府也是理性经济人，进行经济干预是为了取得更多的社会经济利益，并通过分配手中掌控的经济资源来巩固和维护自身的政治地位，以实现其政治利益。掠夺之手模型指出，政府的政治利益和社会福利相一致的时候是进行改革的有效时机，"掠夺之手"在社会中具有一定的说服力，它肯定了政府干预行为的有效性。2008 年金融危机之后，各国政府为了复苏经济和刺激经济增长，采取了一系列的宏观调控措施，这些调控措施在促进经济增长的同时也加剧了经济政策的不确定性，进而又对经济产生一定的抑制作用。

综合来看，政府干预理论是经济学理论的一个重要分支，该理论认为尽管市场在资源配置中发挥着重要作用，但在某些情况下，市场存在失灵和不完善的问题，需要政府通过干预来修正和调整。其主要涉及市场失灵理论、经济周期理论、收入分配理论、产权与市场监督理论、社会保障与公共服务理论等。

2.2.3　经济政策不确定性与实物期权理论

期权作为一种合约，它明确了持有者能够在特定日期或者在特定日期之前以规定的价格买卖某一资产的权利。对应于金融期权，实物期权是一种特殊的期权，它把金融市场规则纳入企业的投资决策中，用金融期权理论的思想来审查和评价企业的投资策略，可以将它看作金融期权在实物投资领域的延伸。实物期权理论认为，一项投资方案创造的利润来源于自有资产的合理使用和对未来一个好的投资机会的选择。如果企业通过比较当前投资和未来投资在盈利上的差异最终选择在未来进行投资，那么投资计划是具有等待价值的。实物期权同金融期权最大的区别在于标的物上的不同，金融期权标的物为金融商品或金融期货合约，而实物期权的标的物为企业实物资产，且这类实物资产往往具有非交易性。

传统的投资项目评价方法现金流折现法（DCF）因其在不确定环境下评估项目时忽略了管理的灵活性以及项目可能给企业带来的成长机会，使得投资项目被低估。迈尔斯（Myers，1977）最先提出将期权定价的方法运用到企业的投资决策。科普兰和韦纳（Copeland and Weiner，1990）认为，企业在不确定环境下进行科学研究与试验发展（R&D）投资，可以在每个时点根据实际情况灵活调整投资方案从而为企业取得竞争优势，因此，在企业的研发投资决策中，该方法更加适用。

从实物期权角度分析经济政策不确定性对经济增长的影响，尤其是对技术进步和产出的影响，主要是基于企业投资不可逆性及市场环境不确定性展开的。实物期权理论认为，市场环境不确定性会影响实物期权的价值，不确定性越大，实物期权的价值就越大。布鲁姆等（Bloom et al.，2007）和马古德（Magud，2008）沿着实物期权的思路，论证了企业投资不可逆性和不确定性会加大企业等待投资的价值，企业因此会选择推迟投资。实物期权理论的核心在于不确定性使得未来投资存在等待价值。企业在创新方面的投资机会可以看作一种看涨期权,不确定性的提高使得期权价值变得更大。由于企业投资往往具有不可逆性,投资失败时企业只能及时止损,而无法将前期投资进行变现,较早的投资将让企业失去等待价值(谭小芬和张文婧,2017),因而企业会选择在未来更加合适的时间点进行投资或者执行扩张期权。文建东和冯伟东(2018)通过构建内生创新模型研究发现,制度和政策的变化会给企业带来不确定性,企业的创新活动或者创新目标可能会受到相应政策变动的影响,从而增加企业创新活动预期收益的不确定性。从这方面讲,企业会因创新研发投入具有高度不可逆性而尽可能减少在经济政策不确定时的研发投入,进而阻碍技术进步。

然而,在实际研究中也可能出现同以上结论相反的观点。其原因在于:首先,如果将企业投资分为一般性投资和创新研发投资,虽然根据实物期权理论,企业在面临政策不确定性时会推迟投资,降低总投资,但在此过程中,企业也有可能调整一般性投资和创新研发投资的比重,从而使得研发投资增加。其次,实物期权具有明显的非独占性,在同一竞争性行业中,实力相近的企业可同时享有一类投资的实物期权,同行企业均可以根据自身实力选择是否或者何时执行同一类似的投资策略。虽然经济政策不确定性的上升可使企业作出推迟投资的决策,但在竞争日益激烈的市场经济中,留给企业选择投资的时间是相对较短的,一旦企业错失了某次投资,将有可能导致企业在未来失去竞争力,进而失去发展的机遇。这便引出了实物期权的另一特性——先占性。对于很多企业来说,越早作出投资决策,它的先发优势就越明显,尤其是对竞争程度高的科技型企业来讲,一项有价值的投资如果取得了先发优势,企业可能在未来市场中占据主导权。孟庆斌和师倩(2017)研究认为,企业在面临经济政策不确定性时为了谋求生存和发展,会增加企业的研发投入。对于高竞争性市场来讲,非独占性和先占性会抵消企业投资期权的等待价值,抵消作用的大小要根据企业面临的市场竞争程度而定。对于垄断性程度较高的行业来讲，非独占性和先占性在抵消企业投资的等待期权价值方面的作用较弱，此时，经济政策不确定性增大将会对企业的创新研发投资产生阻碍作用。

从实物期权视角考虑经济政策不确定性对创新投资的影响还存在时间上的差异。伯南克（1983）认为，根据投资项目的不可逆性，企业在不确定性较高的环境下推迟投资，而在不确定性降低之后则会追加投资以弥补前期投资的不足。这就类似一份扩张期权，企业为了试探某一投资的市场效应，可能在不确定性较高的早期执行一部分投资，然后在市场收益较为明朗时扩大投资。卡巴莱罗和平迪克（Caballero and Pindyck，1996）在实物期权理论的框架下构建了研究不确定性影响行业投资行为的均衡模型，研究表明不确定性冲击对行业整体投资在短期内的抑制显著存在。布鲁姆（2007）也证实了该结论，认为较高的不确定性不仅在短期延迟了企业的投资，且在经济周期的不同发展阶段，对企业研发投入的边际效应也不同。

综上，在实物期权理论的分析框架下，经济政策不确定性是抑制还是促进企业创新研发投资还存在分歧，进而对技术进步的影响也尚不清晰。经济政策不确定性对创新的影响不仅受经济周期的影响，也受宏观政策调控的影响。宏观经济政策的多目标性也必然给不同行业不同领域的技术创新带来不同影响，这也增加了分析经济政策不确定性对整体技术进步影响的复杂程度。

2.2.4　经济政策不确定性与外在融资溢价理论

当前，已有相当一部分文献利用微观企业数据或宏观经济运行的历史经验数据证明了经济政策不确定性会对技术创新活动和经济社会产出带来影响。在现实经济中，信息不对称、委托代理和不确定性等限制了资本金融市场的自我调节功能的发挥，从而在市场经济中产生逆向选择和道德风险等问题，造成企业外部融资成本高过企业内部融资成本，新凯恩斯主义将这一融资成本差异称为"外在融资溢价"。由于借款人在审查、评估和监督借款者时需要付出成本，同时，借款人在借款用途和未来投资收益等相关信息方面占有相对优势，因此，外在融资溢价普遍存在于投资者和被投资者之间（伯南克等，1999）。不难发现，企业的外在融资溢价是经济政策不确定性影响创新投融资的重要途径。

随着中国证券市场的不断发展，市场信息披露制度逐步完善，要求上市企业及时披露相关重要决策和创新投资信息。而在日益激烈的竞争中，企业从自身战略利益出发，为防止自身创新被其他企业模仿导致新产品差异化优势不足，会选择性地减少或避免披露相关创新活动信息。因此，企业的信息披露策略会在投资者和企业之间产生信息不对称。然而，信息披露的详细程度与市场投资者对该创新项目的合理预期呈正相关，如果不能充分向投资者披露专有信息，那么企业很可能以低于其"内在"价值的价格发行股票（巴塔查里亚等，1980）。创新投资相比于一般投资具有较强的风险性，以及更长的投资周期，投资者为了应对未来风险，往往要求被投资者提供更高的投资回报率。以上因素引起了企业创新活动的外在融资溢价，而经济政策不确定性对此具有放大作用。刘慧芬和王华（2014）认为，经济政策不确定性会增加企业管理者对未来的预判难度，使其在相关信息披露上趋于保守，最终导致外在融资溢价变大。

另外，在金融市场上，借款人的金融地位会影响自身借款能力和借款条件，从而影响企业的创新投资活动。新凯恩斯主义认为，借款人的金融地位在某种程度上决定了外在融资溢价水平，当经济政策不确定性足以影响到借款人的金融地位时，融资溢价会发生较大的波动。相关研究表明，经济政策不确定性的上升，会导致相关企业资产价格下跌，资产负债表恶化（Gertler and Kiyotaki，2010），从而降低企业借款能力，引起外在融资溢价上涨。当前，中国经济进入减速换挡期，大量企业正处于转型升级阶段，发展更加注重生态保护，各类经济政策的出台对不同企业发展的利弊不同，当经济政策突然倾向于某类企业时，有利于间接提高对应企业的金融地位和借款能力，促进创新投资，反之，则不利于企业创新投资活动。

从商业银行的借贷渠道上看，较高的经济政策不确定性可能会加大企业的违约风险，相应的外在融资成本也将变大。对于信用较差的中小企业，经济政策不确定性的加大甚至可能使企业面临极高的外在融资溢价。面临经济政策不确定性冲击，一方面，企业不得不花费更大的时间和经济成本寻找合适的借款方；另一方面，银行为了防范贷款方在未来不能及时偿还债务的风险，会要求企业提供更加严格的担保或者支付更高的贷款利率。在以技术为导向的创新型企业中，固定资产投资较少，研发投入占到了企业支出中的很大一部分，在面临经济政策不确定性时，其外在融资溢价将变高。

从上市公司股权融资方面看，企业的创新投资在未来可能带来较大的预期回报，有可能受到相关投资者的青睐。然而，经济政策不确定性的加大却可能给创新活动带来显著的负风险溢价（Aizenman and Marion，2010），给创新融资带来不利影响，进而造成更高的融资成本，引起外在融资溢价。帕斯特和维罗内西（Pastor and Veronesi，2012）研究表明，在政府宣布政策变动时，相应企业对应的股票平均价格会下跌，如果政府政策的不确定性很大，在经济衰退的背景下，股票价格会出现更大幅度的下跌。阿鲁里等（Arouri et al.，2016）分析了 1900～2014 年经济政策不确定性对美国股市的影响，发现政策不确定性的增加显著降低了股票回报率，且这种影响在极端波动期更为强烈和持久。以上研究表明，经济政策不确定性会加大企业在股票市场上的融资约束，形成外在融资溢价，阻碍企业的创新投资活动。

技术创新是技术进步的源泉和手段，能够为经济发展提供源源不断的动力。根据 2016 年中国国家统计局公布的 R&D 经费内部支出数据显示，企业资金在总 R&D 支出中占比近 76%，企业是科学技术创新的有生力量，是推动中国技术进步的重要支撑。经济政策不确定性会产生或放大企业的外在融资溢价，增加企业的创新投资成本，进而降低创新活动所带来的投资回报率，引起企业减少、推迟甚至放弃相关的创新投资，阻碍技术进步和产出水平的提高。因此，从外在融资溢价理论上看，外在融资溢价是经济政策不确定性作用于技术进步和产出增长的重要微观途径。稳定的经济政策环境有助于促进经济发展，政策制定者应该尽量避免各类经济政策的频繁波动。

2.3 本章小结

为了分析经济政策不确定性对产出及技术进步的影响，本章主要从概念界定和理论基础两方面进行了阐述。

（1）在相关概念的界定上，本章先后对经济政策不确定性的内涵和技术进步的概念进行了系统性定义。首先，在区分经济不确定性和政策不确定性的基础上，定义了经济政策不确定性的内涵，提出了经济政策不确定性具有的三个特性，并确定了本书经济政策不确定性所采用的度量指标。其次，根据不同的研究视角，可以将技术进步进行不同的细分，本章比较分析了广义技术进步和狭义技术进步，并对比了测量技术进步的三种主要方法，最终选择使用 DEA 测算的马尔姆奎斯特指数来测量广义上的技术进步指数。

（2）在理论基础方面，本章首先从新古典增长理论、内生增长理论、新熊彼特增长理论和统一增长理论阐述了技术进步对产出增长的重要性，指出技术进步在当前经济增长理论中的核心地位；其次，在总结国家干预理论的基础上，说明经济政策不确定性产生的重要原因是政府为发挥国家职能和应对国内外政治经济冲击所作出的政策调整；最后，从实物期权理论和外在融资溢价理论分析了经济政策不确定性对产出和技术进步的影响。

经济政策不确定性、技术进步与
产出的特征及关联分析

作为全球最大的新兴市场经济国家，中国政府在发展战略布局、经济政策制定等方面扮演着极其重要的作用。自 2008 年国际金融危机以来，政府为避免经济出现衰退，推出了一系列宏观经济刺激政策，如应对国际金融危机的一揽子计划、"大众创业、万众创新"、工业 4.0 等。这些宏观政策在短期缓解了经济增长的困境，但也可能提高中国经济政策的不确定性。同时，近年来逆全球化和贸易保护主义有所抬头，由美国挑起的贸易摩擦更为全球经济复苏蒙上了阴影，各国出于自身经济利益考虑，为了应对波动不断的国际环境可能带来的风险，需要及时调整货币政策、贸易政策等宏观经济政策。这一方面加剧了各国经济政策不确定性，另一方面也造成了经济政策不确定性在国家间的传递（肖小勇等，2019）。随着中国经济进入新常态，经济增速换挡，通过创新等手段促进技术进步成为维持并驱动未来经济增长的主要源泉。而现有研究已表明，经济政策不确定性不仅会对投资和贸易产生影响，也可能会对创新和全要素生产率产生一定的影响（顾夏铭等，2018；杨筝，2019；欧阳志刚等，2019）。因此，通过量化分析经济政策不确定性、技术进步和产出的数据特征及关系，能够初步窥探三者之间的内在关联。

本章对经济政策不确定性、技术进步和产出进行统计分析，以获得它们的基本特征，并利用非线性格兰杰因果检验等方法检验它们三者之间是否存在除线性关系之外的非线性特性，旨在探究三者之间的基本关系，也为后面实证研究经济政策不确定性对技术进步和产出的影响提供统计依据。

3.1　经济政策不确定性统计分析

3.1.1　中国经济政策不确定性特征分析

现实中大部分经济参与者无法直接从政府等官方机构事先获得经济政策变动的信息，而是通过新闻媒体捕获不确定性信息，本书使用的基于新闻报纸整理获得的经济政策不确定性指数具有较强的适用性和合理性（贝克等，2016）。图 3 - 1 展示了中国从 1995 年第一季度到 2019 年第二季度的经济政策不确定性指数。从图 3 - 1 中可以看到，中国经济政策不确定性指数在2001 年第一季度到 2003 年第一季度、2008 年第一季度到 2009 年第三季度、2011 年第一季度到 2013 年第一季度、2015 年、2016 第一季度到 2017 年第二季度，以及 2018 年第二季度至今 6 个时间段内出现了较为明显的波峰，且从

2015 年至今经济政策不确定性指数呈现出波动上升趋势。研究发现，第一个波峰出现的时段主要是由政府换届、国企改革和东南亚金融危机后政府出台的一系列经济刺激政策所引起；同时，中国在这一期间加入了世贸组织（WTO），为与国际接轨，新贸易规则和法律制度的大幅调整使得中国经济政策不确定性指数出现波峰。第二个波峰段对应于 2008 年国际金融危机，金融危机出现导致中国经济增速出现下降，为了防止经济出现衰退，政府调整出台了一系列政策措施。第三个时段中，国内因素对应政府换届以及中国经济转型政策的调整，国外因素对应于欧元区主权债务危机的冲击，中国作为欧盟第一大贸易国，从中也受到国际经济政策不确定性冲击的影响。第四个时段 2015 年经济政策不确定性上升主要是由国内因素引起，一方面是由"十二五"规划在收官节点系列承上启下经济政策导致，也和 2015 年底提出的供给侧结构性改革计划相关，另一方面是当年中国股市遭遇了连续性暴跌，政府出台了相当一部分的维稳政策。第五个时间段引起中国经济政策不确定性提高的因素包括由英国脱欧造成的欧盟内部动荡，美国总统换届引起外界对政策大幅变化的预期，逆全球化和贸易保护主义的抬头以及南海争端等。2018年第二季度至今中国经济政策不确定性指数持续攀升，主要由为应对中美贸易摩擦不断升级引发的一系列问题进行的政策调整，以及中国在此期间对房

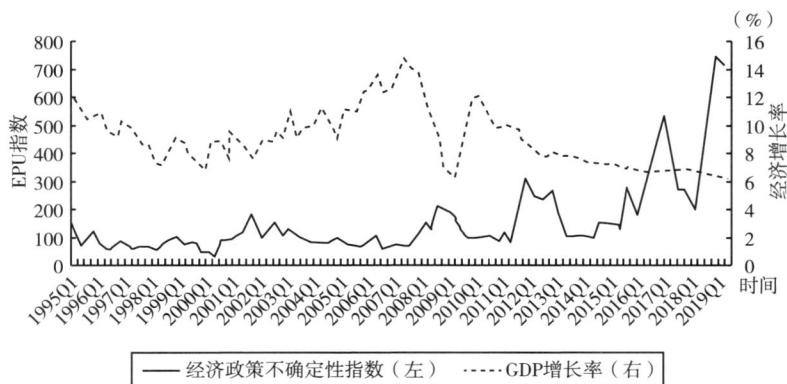

图 3-1 中国经济政策不确定性指数与产出增长

地产调控的空前加强有关。从中可以看出每一次经济政策不确定性的异常波动都跟中国国内外经济大事件和经济政策的频繁调整存在直接关系，这也说明了用该指标来衡量中国经济政策不确定性具有科学性和代表性。

此外，为了进行参照对比，图 3 - 1 中还显示了中国 1995～2019 年的GDP 季度同比增长走势。不难发现，经济政策不确定性总体上表现出典型的逆经济周期特征：当 EPU 指数较低时，中国经济社会产出增长速度相对较高；当 EPU 上升时，产出增长出现下滑。然而，这一特征在 2015 年之后出现了一些新的变化，主要表现为经济政策不确定性指数在高位波动，而产出增长则表现为相对平稳下降。原因在于中国对宏观经济调控方式和理念出现了转变，首先是稳增长，虽然中国经济进入增速换挡阶段，但仍然有必要维持一定的产出增长以适应中国经济结构性转变，宏观调控政策的逆周期调节对冲目标已转变为中高速增长；其次是宏观经济调控的重点发生了变化，由过去的投资拉动逐渐转向创新驱动，政策的发力点也从需求侧投资转为供给侧创新为主（欧阳志刚等，2019）。以上政策目标的变化以及政策实施使得产出增长表现出稳中有降的趋势，同时，中美贸易摩擦等复杂多变的国际环境又进一步加速了中国内外相关政策的调整速度，众多因素的合力使得 2015年之后中国经济政策不确定性指数在高位波动，也导致经济政策不确定性与产出增长的典型特征出现了偏离。由此引发的思考是，产出增长受经济政策不确定性影响是否变小或变模糊了，经济政策不确定性的逆经济周期特征为何发生了变化，而技术进步在当中扮演的角色是什么，是否也有发生改变，对于这些问题本书将在后面实证章节进行讨论。

3.1.2　经济政策不确定性的国际比较分析

图 3 - 2 描绘了全球、中国和美国的经济政策不确定性指数，其中全球经济政策不确定性指数（GEPU）通过世界部分经济体国家［包括澳大利亚、

巴西、加拿大、中国、日本和美国等 20 个国家，这些国家的产出总量经过购买力平价（PPP）调整后在全球经济总量中占比超过 70%〕标准化后的经济政策不确定性指数依据各自 GDP 占比加权得到（Davis，2016）。综合来看，全球、中国和美国经济政策不确定性指数在长期保持着共同的波动特征，三者在波动时间上基本一致，对应于中国经济政策不确定性达到波峰的 6 个时间段，美国和全球经济政策不确定性指数也在相近的时间节点达到最大值。这表明三者经济政策不确定性指数具有联动性，也说明在开放经济视角下，经济政策不确定性存在国家间的相互传导。在经济全球化的今天，各国经济、政治和文化紧密交织在一起，任何一起大的突发事件或经济政策变化都有可能牵动全球各国经济的神经，某一国想要独善其身已难以做到，正如 2008 年美国引发的金融海啸，不仅使美国经济遭受了毁灭性打击，同样也给其他国家经济造成了严重破坏。

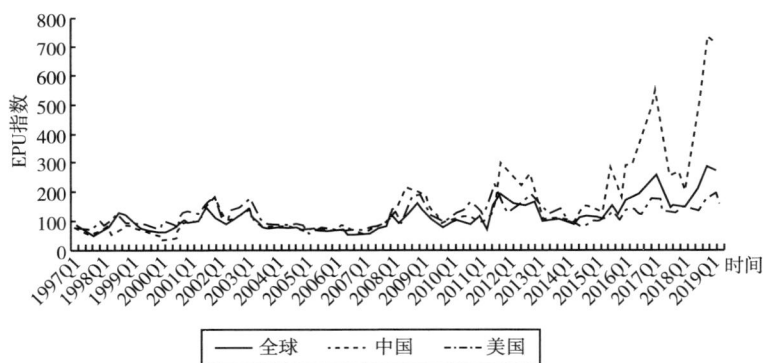

图 3 - 2　全球、中国和美国经济政策不确定性指数

所不同的是，三者虽然具有类似的波动特征，但在 2011 年之后，中国的经济政策不确定性指数总体上表现出高于全球和美国经济政策不确定性的特点。中国是世界上最大的发展中国家，经济总量已连续多年稳居世界第二位，中国正不断深化市场化改革，转变经济增长方式，在这个过程中政府主导的频繁宏观调控会加大经济政策不确定性。实际上，相比于发达国家美国，中

国市场化程度较低，尽管强调发挥市场经济"看不见的手"的作用，但政府的有形之手对经济的干预也较多，从这个角度看中国经济政策不确定性理应比发达国家要高一些。

图 3 - 3 和图 3 - 4 分别给出了欧元区部分国家和金砖四国（因数据较难获取，未统计南非 EPU 指数）经济政策不确定性指数。从图 3 - 3 中可以看出，欧洲六国中，经济政策不确定性指数英国＞法国＞德国＞意大利＞西班牙＞希腊，通过计算获得样本期间的 EPU 季度均值分别为：183.57、161.36、129.04、109.34、101.34、99.82。欧元区部分国家的经济政策不确定性在波动上同样较为一致，英国近几年经济政策不确定性波动较为剧烈主要与"脱欧问题"相关。从图 3 - 4 中可以看出，金砖四国中，EPU 指数最高的是中国，最低的是印度，俄罗斯和巴西居于中印两国之间。从金砖四国的 EPU 曲线中依然可以看到它们之间具有相似的波动特征。

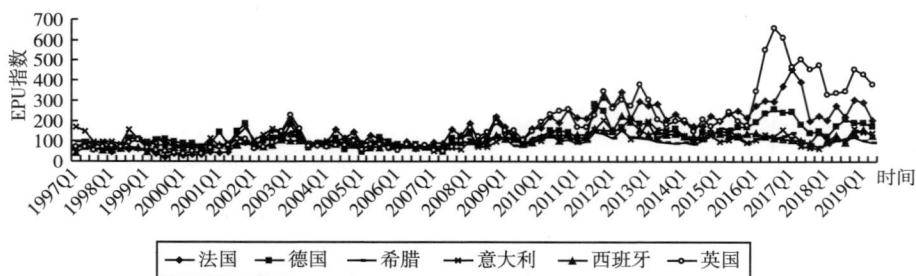

图 3 - 3 欧元区部分国家 EPU 指数

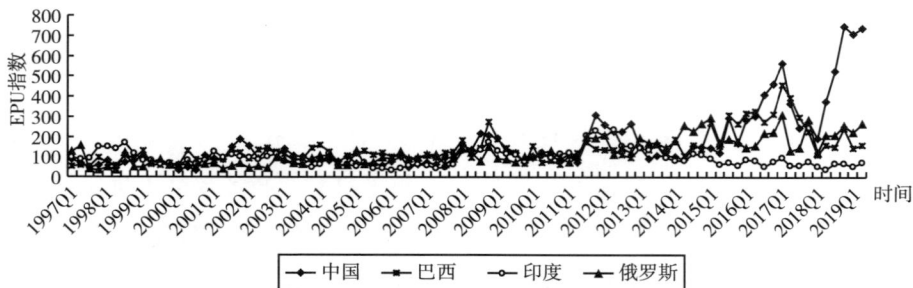

图 3 - 4 金砖四国 EPU 指数

3.1.3 经济政策不确定性的国际关联特征分析

关于变量或主体之间的关联性测量，目前主要有两类方法：一是网络关联法，这类方法先利用变量之间的直观数据或使用相关系数、格兰杰因果关系检验、方差分解等计量经济学方法求得被研究对象的两两关联性，再将这些量化关系综合起来计算获得总的关联性；二是使用主成分分析法和因子分析法等统计分析方法计算被研究对象的系统关联程度，这类方法被统称为非网络关联法。在第一类方法中，一些方法并不能同时考查被研究对象的关联水平和关联方向，而迪博尔德和伊尔马兹（Diebold and Yilmaz，2014）提出的利用方差分解计算关联度的方法不但能同时满足测度关联程度高低和关联方向，而且在某种程度上还可以测度被研究对象与整体的关联程度以及整个系统的关联程度。基于以上优势，本书用方差分解方法来测量各经济体之间的经济政策不确定性关联特征。

多元时间序列进行迪博尔德和伊尔马兹（2014）的广义方差分解关联分析，需要构建被研究对象的向量自回归（VAR）系统，从中获得广义方差分解，然后依据广义方差分解进行关联度计算。具体地，先要将被研究对象的数据用来构建合适的 VAR 模型，当方差分解在 G 期稳定时，求得各被解释变量对来自其他变量的预测误差方差。d_{ij}^{G} 表示在 G 期变量 j 一标准差单位冲击造成的变量预测误差方差占 i 总误差方差百分比，记 j 对 i 的定向关联为：$C_{i \leftarrow j}^{G} = d_{ij}^{G}$。因此，在 N 个被研究对象的关联分析中有 $N^2 - N$ 个定向关联，也就是每一个除对角线元素之外的方差分解矩阵元素都代表一个定向关联。同时，进行如下定义：

i 对 j 的净定向关联：$C_{ij}^{G} = C_{j \leftarrow i}^{G} - C_{i \leftarrow j}^{G}$

其他变量对 i 的总定向关联：$C_{i \leftarrow .}^{G} = \sum\limits_{\substack{j=1 \\ j \neq i}}^{N} d_{ij}^{H}$

j 对其他变量的总定向关联：$C^G_{\cdot \leftarrow j} = \sum_{\substack{i=1 \\ i \neq j}}^{N} d^H_{ij}$

i 的总定向关联净值：$C^G_i = C^G_{\cdot \leftarrow i} C^G_{i \leftarrow \cdot}$

系统总定向关联：$C^G = \sum_{\substack{i,j=1 \\ i \neq j}}^{N} d^H_{ij}$

需要指出的是，在关联分析中，方差分解主要有两种：传统方差分解和广义方差分解。传统方差分解对 VAR 系统变量的排序相对敏感，需要根据变量的外生性强弱来进行排序。虽然现有研究可以通过格兰杰因果关系检验或是依据实际经济情况进行排序，不同方法确定的排列顺序往往也不一样，因此，传统方差分解的稳定性和可信性仍可能受到质疑。而广义方差分解不依赖于 VAR 系统中变量的排列顺序，但广义方差分解矩阵的各行之和有可能大于 100，即可能存在某一期各变量对被解释变量的解释度加上被解释变量自身的解释度之和大于 100% 的情形，这便降低了广义方差分解在经济意义上的解释性。但在关联分析中，对方差分解在经济意义上的要求有所降低，因此，本书使用广义方差分解来构建经济政策不确定性的国际关联性。

本书研究的国家主要有美国、中国、日本、德国、英国、法国、印度、巴西、加拿大、韩国、澳大利亚和俄罗斯，为了保持时间数据的一致性，研究的时间跨度为 1997 年 1 月至 2017 年 12 月 [早期公布的 EPU 指数中，印度和澳大利亚的数据并未追溯至 1997 年，大卫（Davis，2016）在全球 EPU 指数的计算中对相关国家的 EPU 指数进行了补全]。根据赤池信息准则（AIC）确定最优滞后阶数为 1，设定广义误差方差分解的期数为 5。进行 VAR 回归得出广义方差分解矩阵，并依据上述方法计算出各国的经济政策不确定性关联值。结果如表 3 - 1 所示。

从总关联度来看，样本国家 EPU 的总关联度为 48.1%，说明经济政策不确定性具有明显的国际传导性，主要经济体国家的经济政策不确定性有 48.1% 是由他国经济政策不确定引起的。这一结果介于肖小勇等（2019）研究

表 3 - 1   世界部分国家经济政策不确定性关联情况   单位:%

项目	美国	中国	日本	德国	英国	法国	印度	巴西	加拿大	韩国	澳大利亚	俄罗斯	受其他国影响
美国	86.1	1.2	2.6	0.2	0.6	0.6	0.2	0.3	1.3	1.4	4.5	1	13.9
中国	22.5	56.4	0.7	6.1	8.8	0.7	0.2	0.9	1.2	1.6	1	0.1	43.6
日本	13.6	1.8	81.4	0	0	0.1	0	0.2	0.2	0.9	0.1	1.7	18.6
德国	38.9	5.9	2.1	42.3	5.1	1.3	0.1	1.7	0.2	1.9	57.7		
英国	22.7	8.3	3.6	10.9	48.4	3.6	0	0.4	0.6	0.1	1	0.4	51.6
法国	26.2	6.5	0.4	5.8	11.9	36.5	1.7	2.2	6.5	0.6	0.7	1.1	63.5
印度	11.7	0.4	26.9	0.1	1	3.6	46.7	4.7	0.2	3.9	0	53.3	
巴西	8.2	17.7	0.2	1.4	3.2	1.1	1.3	59.2	2.8	1.7	3.2	0.1	40.8
加拿大	42.9	5.7	6.4	4.1	5.6	4.6	2	0.3	26.6	0.1	1.3	73.4	
韩国	37.5	7.2	0.1	0.8	5.2	1.4	0.3	0.4	4.5	40.4	1.7	0.6	59.6
澳大利亚	34.6	1.3	17.7	2.3	1.9	2.6	2.5	1.8	0.8	1	33.4	0.2	66.6
俄罗斯	3.2	4.1	0.1	7.8	5.4	2	1.2	3	7.5	0.1	0.7	65	35
对他国的影响	262	60	60.7	39.5	48.6	21.6	9.5	14.5	27.8	7.7	19.1	6.5	48.1
净值	248.1	16.4	42.1	-18.2	-3	-41.9	-43.8	-26.3	-45.6	-51.9	-47.5	-28.5	

得出的 37.4% 与康和尹（Kang and Yoon，2018）得出的 67.4% 之间。一方面，从时间上来看，本书研究对象同肖小勇等（2019）的研究对象差别不大，但时间跨度更长，得出的总关联程度更高，这表明随着时间的推移，各国的经济政策不确定性关联情况有所提升。另一方面，相比于康和尹（2018）仅以发达国家为样本的研究，本书研究对象不仅包括发达国家还包含了发展中国家，因此，更易体现出各国经济政策不确定性的关联程度。

从总定向关联上看，表 3 - 1 最右边一列表示其他国家经济政策不确定性对某一国家的总影响。从表 3 - 1 中可以看到除美国（13.9%）和日本（18.6%）

经济政策不确定性受他国影响小于20%之外，其余国家总定向关联度均超过35%，表明美国和日本的经济政策更具独立性，而其余国家经济政策更易受他国经济政策变动的影响。倒数第二行表示某国对其他国家经济政策不确定的影响程度。其中，美国对其他国家的总影响程度达到了262%，说明美国经济政策具有较强的溢出性，这不仅是因为美国拥有最强的经济实力，还与其推行的霸权主义有关。而印度、俄罗斯和韩国的经济政策国际影响力相对较弱，对他国经济政策不确定性的溢出小于10%。

最后一行为总定向关联净值。美国（248.1%）经济政策不确定性的正净向溢出最大。此外，中国和日本也是经济政策不确定性的正向溢出国。三个总定向关联净值为正的国家经济实力都排名前三，说明经济实力的强弱很大程度上决定了经济政策的对外影响力。而其余国家包括德国、英国、印度、法国和加拿大等的总定向关联净值均为负，说明相比于通过经济政策影响他国的能力，这些国家更易受到其他国家经济政策不确定性的影响。

表3-1中除对角线之外的元素代表了两国之间的定向关联强度。日本经济政策不确定性对印度的影响占印度经济政策不确定性方差的26.9%。这同日本和印度在经济、政治和安保等领域的深入合作紧密相关，为此，日本和印度还建立了"特别战略性全球伙伴关系"。此外，美国经济政策不确定性对加拿大、德国、韩国和澳大利亚的影响也比较大，美国与这些国家建立了相关领域同盟国关系，在经济政策等方面的战略互动频繁。加之，美国经常作为某些重要政策推动者，其余同盟国则作为政策的拥护者，因此，美国经济政策不确定性对这些国家的影响在这些国家的经济政策不确定性方差中的占比较高。中美两国作为全球最大的两个经济体，两国之间也保持着较大的贸易往来。从贸易流量上来看，中国对美国常年保持着较高的贸易顺差，美国经济政策的变动也易给中国带来影响，反之，中国经济政策的变动对美国的影响则相对小很多。

3.2 技术进步对产出的贡献分析

本节主要从国际层面对比分析不同国家全要素生产率水平差异及全要素生产率对产出增长的贡献；从中国整体及省域层面分析全要素生产率的历史变迁和区域差异；从中国行业层面分析全要素生产率的行业异质性。全要素生产率采用 DEA 计算的 M 指数来表示（本书所讲的技术进步等同于全要素生产率），计算过程中涉及的数据处理和来源分别在第 4~6 章进行具体说明，其中，为了便于分析，本章省域层面全要素生产率采用年度数据进行计算（区别于第 5 章的季度数据），相关数据来源和处理同第 5 章相似。

3.2.1 不同国家全要素生产率对产出增长贡献的比较分析

表 3 − 2 显示了包括中国在内的 19 个国家 1996~2017 年平均全要素生产率指数及 GDP 增长率。从表 3 − 2 中可以看到，GDP 增长速度最快的国家分别是印度、中国和爱尔兰，21 年间的年均增速分别为 8.187%、7.001% 和 6.804%〔中国 1997~2017 年 GDP 的年均增长率低于根据中国国家统计局公布数据（以 1996 年为基期）计算的实际 GDP 年均增长率 9.112%，主要原因是为了进行国家间的比较，本章使用数据主要来自佩恩表，数据按购买力平价汇率换算成以 2011 年为基期的美元计价，以下简称"GDP 不变价"〕。其中，印度主要依靠国内投资、外贸和人口增长对经济起拉动作用，长期以来，印度的经济总量和平均发展水平虽然低于中国，但印度经济增长所表现出来的持续动力也不容忽视。发达国家爱尔兰是最早走出 2008 年金融危机的国家，其经济增长速度在全球来看表现格外亮眼。爱尔兰经济的高速发展离不开其开放的经济体制，外商投资的涌入及旅游业的高度发达，这些发展上

的优势为其经济注入了强劲的动力。俄罗斯和智利的产出年均增长率也超过了4%，属于金砖国家的巴西年均增长率仅有2.7%。

表3-2 不同国家1996~2017年TFP平均值及其对产出增长贡献率

国家	TFP 平均值	GDP 年均增长率（%）	TFP 贡献率（%）
澳大利亚	0.999	3.426	-2.919
巴西	0.956	2.707	-162.524
加拿大	0.994	2.464	-24.352
智利	0.976	4.548	-52.775
中国	0.947	7.001	-75.702
法国	1.008	2.599	30.784
德国	1.007	2.358	29.682
希腊	1.008	1.244	64.287
印度	0.967	8.187	-40.307
爱尔兰	1.024	6.804	35.275
意大利	1.011	1.608	68.425
日本	1.006	0.822	72.996
墨西哥	0.98	3.805	-52.559
荷兰	0.989	3.165	-34.752
俄罗斯	1.024	4.267	56.240
西班牙	1	3.483	0.000
瑞典	1.002	2.524	7.922
英国	0.987	2.480	-52.429
美国	1.01	2.385	41.921

资料来源：通过联合国贸易和发展会议数据库和佩恩表（pwt 9.1）数据计算而得。

在全要素生产率方面，平均TFP指数大于1的国家包括法国、德国、希腊、爱尔兰、意大利、日本、俄罗斯、瑞典和美国，其余国家TFP均值都低于1。TFP值大于1说明其对产出增长的贡献为正，小于1则说明对产出增长的贡献为负。值得注意的是，TFP对产出增长贡献为负的国家中，巴西和中国的负贡献最大。这说明中国长期以来虽然能够保持较快的经济增长，但增长主要依靠的是投资和劳动等资源的大量投入，TFP 并不是中国经济增长的主要来源和动力，各种要素的使用效率在国际层面来看是较小的。从 19 个国家的年均 TFP 值来看，中国的 TFP 指数最小，仅为 0.947。因此，中国在提高 TFP 方面还存在巨大的发展空间，中国的产出增速仍可以通过提高全要素生产率来得以保障。

3.2.2 中国全国及省际全要素生产率的比较分析

表 3 - 3 反映了中国 2003～2017 年全要素生产率和产出增长变化情况。从中可以看到，15 年间中国全要素生产率指数的平均增长率为 1.5%，对产出增长的总体贡献率为 16.02%，从整体上看，TFP 对产出增长的贡献为正，但贡献率并不高。

表 3 - 3　　　中国 2003～2017 年 TFP 指数及其对 GDP 增长贡献

年份	TFP 指数	GDP 增长率（%）	TFP 贡献率（%）
2003～2004	1.057	10.10	56.436
2004～2005	1.082	11.40	71.930
2005～2006	1.055	12.70	43.307
2006～2007	1.038	14.20	26.761
2007～2008	1.030	9.70	30.928
2008～2009	1.005	9.40	5.319
2009～2010	1.022	10.60	20.755
2010～2011	1.010	9.60	10.417
2011～2012	0.988	7.90	-15.190
2012～2013	0.984	7.80	-20.513
2013～2014	0.983	7.30	-23.288

续表

年份	TFP 指数	GDP 增长率（%）	TFP 贡献率（%）
2014～2015	0.976	6.90	-34.783
2015～2016	0.995	6.70	-7.463
2016～2017	0.990	6.80	-14.706
均值	1.015	9.36	16.018

资料来源：TFP 指数计算见第 5 章；根据国家统计局 GDP 数据计算了 GDP 增长率，并计算出了 TFP 贡献率。

具体到相关年份上，中国全要素生产率指数在 2012 年开始小于 1，直到 2017 年也未超过 1，即中国全要素生产率在 2012 年之后开始出现负增长，其对 GDP 增长的贡献开始出现负作用。这一结果同赖平耀（2016）用索洛增长账户模型计算得出的结果较为一致，也就是说中国全要素生产率在 2012 年后开始出现下滑。产出增长的速度大致是从 2010 年之后开始出现下降，中国在 2008 年金融危机之后几乎同时经历了投资率上升和全要素生产率下降，赖平耀（2016）认为，TFP 的下降会通过两种方式导致产出增长的下降，一是全要素生产率的下降会直接转化为 GDP 增速的下降，二是全要素生产率下降会加速产出—资本比的下降，进而降低人均资本增速，引起产出增速的下降。当前中国经济已经进入增速换挡、结构调整阵痛和前期刺激政策消化的"三期叠加"时期，短期内中国的投资率不太可能再出现持续的大幅度上升，市场化改革的滞后、劳动力转移的下降和前期过度投资导致全要素生产率下降，已经严重影响到了中国经济的可持续增长。蔡昉（2013）指出，释放潜在增长率和保持合理经济增长速度的关键是提高全要素生产率，而提高全要素生产率的有效途径则是制度创新和技术创新。

在测算 2003～2017 年全国 TFP 指数的基础上，本书进一步分区域讨论各省份全要素生产率的增长情况，以便分析全要素生产率在省域或区域上的差异。表 3-4 列出了中国省域层面全要素生产率的计算结果（西藏地区数据缺失较多故未纳入计算；根据资本存量在计算中的可获得性，本书将重庆数据并入四川省；不包括港澳台地区）。

表 3 - 4   2003 ~ 2017 年中国省域 TFP 指数计算结果

地区	TFP 指数	地区	TFP 指数
北京	1.043	湖北	0.949
天津	1.019	湖南	0.927
河北	1.014	广东	0.991
山西	0.965	广西	0.910
内蒙古	1.008	海南	0.943
辽宁	0.927	四川	0.933
吉林	0.980	贵州	0.945
黑龙江	0.946	云南	0.826
上海	1.041	陕西	1.028
江苏	1.033	甘肃	0.973
浙江	0.990	青海	0.990
安徽	0.881	宁夏	0.995
福建	0.947	新疆	0.983
江西	1.002	东部均值	0.995
山东	0.998	中部均值	0.949
河南	0.940	西部均值	0.959

在 29 个省份中，2003 ~ 2017 年全要素生产率指数大于 1 的仅有北京、天津、河北、内蒙古、上海、江苏、江西和陕西 8 个省份，其余省份 TFP 指数均小于 1。这表明，长期以来，只有少数部分的省份依靠提升全要素生产率促进产出增长，大部分省份经济增长的质量较低。这一结果同大部分早期研究存在较大差异，其主要原因可以从表 3 - 3 中找到，即 2012 年之后中国整体全要素生产率的下降拉低了各省份 TFP 指数的平均值。在 TFP 指数大于 1 的省份中，除了内蒙古、江西和陕西之外，其余 5 个省份均位于东部地区，据此可以判断，

中国全要素生产率具有明显的省域差异。按照传统的区域划分标准,将中国 29 个省份划分为东部、中部、西部三大区域。从中可以发现,东部地区 TFP 指数均值为 0.995,中部地区为 0.949,西部地区为 0.959,东部地区全要素生产率明显大于中部和西部地区。而中国西部地区全要素生产率的整体平均值高于中部地区,这主要是通过西部大开发战略的实施,西部地区在发展和吸收国内外技术方面取得了较好的成绩,从而提升了西部地区的全要素生产率。另外,这也反映出西部地区虽然较为落后,但在技术进步方面有着较强的后发优势,能够以较低的成本获得发展所需技术从而促进全要素生产率的提升。

3.2.3 中国分行业全要素生产率的比较分析

进一步从细分行业层面比较分析中国全要素生产率状况,表 3 – 5 显示了中国细分 19 个行业从 2005 ~ 2017 年的全要素生产率的计算结果。所有行业技术效率的平均值为 0.999,表明行业层面技术效率有所退化。从技术效率的构成来看,技术效率退化的原因是由纯技术效率过低引起的,除建筑业和房地产业等少数行业的平均规模效率小于 1 外,大部分行业的平均规模效率均大于 1,然而,规模效率的总体上涨并不足以弥补由纯技术效率降低带来的技术效率下降。另外,根据全要素生产率的计算公式可知,2005 ~ 2017 年技术效率并未促进全要素生产率的上升,而全行业平均科技进步指数为 1.04,全要素生产率的增长主要是依靠科技进步推动的。

表 3 – 5   中国细分 19 个行业全要素生产率计算结果

行业	技术效率	科技进步指数	纯技术效率	规模效率	TFP 指数
农、林、牧、渔业	0.989	1.059	0.974	1.015	1.047
采矿业	1.029	1.046	1.004	1.025	1.076

续表

行业	技术效率	科技进步指数	纯技术效率	规模效率	TFP 指数
制造业	1.033	1.054	1.000	1.033	1.089
电力、热力、燃气及水的生产和供应业	1.011	1.054	0.990	1.022	1.065
建筑业	0.989	1.057	1.000	0.989	1.046
交通运输、仓储和邮政业	0.982	1.053	0.962	1.022	1.035
信息传输、计算机服务和软件业	0.976	1.030	0.965	1.012	1.006
批发和零售业	1.006	1.019	0.995	1.012	1.025
住宿和餐饮业	0.970	1.014	0.962	1.008	0.983
金融业	1.000	1.027	1.000	1.000	1.027
房地产业	0.967	1.043	1.000	0.967	1.008
租赁和商务服务业	0.987	1.030	0.981	1.006	1.017
科学研究、技术服务和地质勘查业	1.002	1.049	1.008	0.994	1.051
水利、环境和公共设施管理业	0.981	1.047	0.987	0.994	1.027
居民服务和其他服务业	1.000	1.027	1.000	1.000	1.027
教育	1.031	1.032	1.009	1.022	1.064
卫生、社会保障和社会福利业	0.995	1.048	0.984	1.011	1.043
文化、体育和娱乐业	1.025	1.054	1.010	1.015	1.080
公共管理和社会组织	1.017	1.024	1.002	1.014	1.042
均值	0.999	1.040	0.991	1.008	1.039

从表 3-5 中可以看到，采矿业，制造业，文化、体育和娱乐业这三个行业的全要素生产率指数相对较大，在所有行业中处于领先地位，说明这三个行业的发展趋势相对理想，而住宿和餐饮业的全要素生产率平均值仅为0.983，这表明多年来该行业的发展相对来说处于低效率状态或者停滞状态。从单个行业技术效率比较上看，农、林、牧、渔业，建筑业，交通运输、仓储和邮政业，住宿和餐饮业等 9 个行业的技术效率值均低于 1，19 个行业中近一半行业的技术效率在样本期间内是下降的，这表明促进行业全要素生产率需要全面提升各行业的技术效率水平。

值得关注的是，本书分别用细分 19 个行业和分 29 个省份数据计算得到的全国 TFP 指数均可得到全要素生产率在 2012 年之后出现下降的结果。然而，细分 19 个行业未汇总时计算得到的 TFP 指数的均值为 1.039，但 TFP 指数也在 2012 年后开始出现整体下滑趋势。这表明，中国经济全要素生产率的下降是当前经济增长面临的重要问题，未来发展需要重点提升全要素生产率。

3.3 经济政策不确定性、产出和技术进步之间的关系检验

现有研究从不同角度利用不同方法对经济政策不确定性的宏观影响进行了实证研究，然而得出的结论相差较大，甚至完全相反。从整体上看，这可能和相关研究的模型设定存在一定的关联性，线性回归模型在样本范围内假定参数不存在变异，该假设能够简化分析，但当外部环境变化导致模型适用性发生变动时，原有线性回归模型将无法对此进行识别，进而导致估计结果和真实情况相偏离。尽管少部分研究目前开始对经济政策不确定性的非线性影响进行了分析［譬如欧阳志刚等（2019）从期权理论的角度出发说明 EPU 对创新和经济增长存在非线性影响，进而采用时变 VAR 模型对此进行了检验］，但在实证分析模型设定前也未进行相关变量在统计上的非线性检验。因此，本节研究旨在对 EPU、产出和技术进步三者之间的线性和非线性关系进行初步探讨，并为后续实证研究中模型设定提供依据。

3.3.1 经济政策不确定性、产出和技术进步之间的线性关系分析

3.3.1.1 数据描述

本节选取中国 2003 年第二季度至 2017 年第四季度经济政策不确定性指

数、产出和技术进步作为分析数据来源。具体地，经济政策不确定性指数来源于贝克等（2016）的研究，将月度数据加权平均为季度数据，即把各个季度对应月份的 EPU 指数加总后除以 3 作为季度 EPU 指标。产出增长用 GDP 不变价的季度同比增长率来表示，数据来源于 WIND 数据库。技术进步用 Malmquist 计算出的 TFP 指数来表示，其中投入变量为劳动和资本存量，产出为实际 GDP（劳动和资本存量的具体计算方式见第 5 章）。变量的描述性统计如表 3 - 6 所示。

表 3 - 6　　　　　　　**技术进步、产出增长和 EPU 的描述性统计**

项目	TFP	GDP	EPU
均值	0.9998	9.4203	158.9251
中位数	1.0060	9.1000	111.1025
最大值	1.4410	15.0000	564.2255
最小值	0.3980	6.4000	50.1951
标准差	0.2397	2.3355	108.3666
峰度	- 0.4113	0.5880	1.6596
偏度	2.9642	2.2630	5.6755
J - B 统计量	1.6665	4.7357	44.6817
P 值	0.4346	0.0937	0.0000

3.3.1.2　平稳性检验

在进行变量的格兰杰因果关系检验或者协整检验之前，一般需要对变量的平稳性进行检验。如果所有变量是平稳的，则可以进行格兰杰因果检验，反之，则需要根据变量单位根情况进行协整检验，以确定变量间的长期均衡关系。本书将对上述三个变量进行 ADF 单位根检验，以验证它们的平稳性。平稳性检验结果如表 3 - 7 所示，检验发现除 TFP 外，其余变量的原序列在 5% 的显著性水平上存在单位根，而一阶差分后的数据均能通过平稳性检验，

即产出增长和 *EPU* 均为单位根 *I*（1）过程。

表 3 – 7　　　　　　　　　EPU、产出和技术进步的平稳性检验结果

变量	类型	T 统计量	P 值
TFP	（c，0，5）	−4.7469	0.0003
GDP	（c，0，1）	−1.9266	0.3181
EPU	（c，0，0）	−2.1517	0.2259
d（*GDP*）	（0，0，0）	−5.7640	0.0000
d（*EPU*）	（0，0，0）	−8.5587	0.0000

3.3.1.3　协整检验

因 *GDP* 和 *EPU* 为一阶单整，本书接下来根据 Pantula 规则（Johansen，1992）对三个变量选择合适的检验模型进行协整检验，以验证 *EPU*、产出和技术进步之间是否存在长期均衡关系。结果如表 3 – 8 所示，无论是迹检验还是最大特征值检验均显示，*EPU*、产出和技术进步之间至少存在 1 个协整向量，这表明 *EPU*、产出和技术进步三者之间存在着长期稳定关系。

表 3 – 8　　　　　　　　EPU、产出和技术进步的协整检验结果

协整迹检验				
原假设：协整向量个数	特征值	迹统计量	5%临界值	P 值
0 个	0.5296	54.8959	29.7971	0.0000
最多 1 个	0.1418	11.9079	15.4947	0.1614
最多 2 个	0.0545	3.1915	3.8415	0.0740
协整最大特征值检验				
原假设：协整向量个数	特征值	最大特征值统计量	5%临界值	P 值
0 个	0.5296	42.9880	21.1316	0.0000
最多 1 个	0.1418	8.7164	14.2646	0.3105
最多 2 个	0.0545	3.1915	3.8415	0.0740

3.3.2　经济政策不确定性、产出和技术进步的非线性关系检验

为了确定 EPU、产出和技术进步之间是否还存在未能由线性方程解释的非线性信息残余，本书分别采用希姆斯特拉和琼斯（Hiemstra and Jones，1994）、迪克斯和潘琴科（Diks and Panchenko，2006）所构建的 $TVAL$ 统计量和 T_n 统计量两种方法对 EPU、产出和技术进步进行非线性格兰杰因果检验。当前，非线性格兰杰因果检验仅适用于两变量之间的非线性影响检验，尚未发展到多变量之间，因此，需要对 EPU、产出和技术进步两两之间的关系进行检验。

根据孙坚强等（2016）的检验思路，在进行非线性格兰杰因果检验之前，需要先采用 VAR/VEC 方法识别出变量间的线性关系，即构建 VAR/VEC 模型之后，变量间的线性关系保留在线性方程中，而如果存在非线性信息残余，则这部分信息会保留在残差序列之中。然后对残差序列进行 BDS 检验（Broock，1996），BDS 检验原假设为残差服从独立同分布，原假设被拒绝表明残差存在未能被模型完全解释的非线性信息。在初步证明残差存在非线性信息之后可以进行非线性格兰杰因果检验。因此，本书先构建 VEC 模型并从中提取对应的残差序列进行布洛克—德彻特—沙因克曼检验（BDS），然后根据变量数据特征建立两两变量之间的 VAR/VEC 模型对残差进行非线性格兰杰因果关系检验。

3.3.2.1　BDS 检验

对于时间序列 $\{x_t\}_{t=1}^{n}$，嵌入向量 $x_t^m = \{x_t, x_{t+1}, \cdots, x_{x+m-1}\}$，关联积分定义如下：

$$c(m, n, \varepsilon) = \frac{2}{(n-m+1)(n-m)} \sum_{s=1}^{n-m+1} \sum_{t=s+1}^{n-m+1} \prod_{j=0}^{m-1} I_\varepsilon(x_{s+j}, x_{t+j}) \quad （3-1）$$

其中，n 和 m 为维数，I_ε 为示性函数（当 $|x-y| \leq \varepsilon$ 时，$I_\varepsilon = 1$，否则为 0），当时间序列 $\{x_t\}_{t=1}^n$ 独立同分布时，在一定的假设前提下构造的 BDS 统计量具有如下性质：

$$\sqrt{n-m-1} \frac{c(n,m,\varepsilon) - c(1,n-m,\varepsilon)^m}{\sigma(n,m,\varepsilon)} \to N(0,1) \qquad (3-2)$$

这里，$\sigma(m,n,\varepsilon)$ 是 $[c(n,m,\varepsilon) - c(1,n-m-1,\varepsilon)^m]$ 的渐近标准差。本书三个方程残差的 BDS 检验结果如表 3-9 所示。为了进行全面的对比检验，表 3-9 中给出了嵌入向量维数 m 取值从 2~6 的所有 BDS 检验结果。

表 3-9   EPU、产出和技术进步 VEC 残差 BDS 检验结果

项目	m 取值	2	3	4	5	6
VAR [TFP 和 d（EPU）]	TFP 方程残差 BDS 统计量	-0.0118	-0.0296	-0.0129	0.0227	0.0521
	P 值	0.2542	0.0769	0.5224	0.2898	0.0130
	d（EPU）方程残差 BDS 统计量	-0.0002	-3.16E-06	-5.39E-08	-9.96E-10	-2.00E-11
	P 值	0.0205	0.6281	0.8844	0.9571	0.9814
VEC （GDP 和 EPU）	GDP 方程残差 BDS 统计量	-0.0020	0.0296	0.0915	0.1327	0.1634
	P 值	0.8690	0.1277	0.0001	0.0000	0.0000
	EPU 方程残差 BDS 统计量	-5.49E-05	-4.54E-07	-4.06E-09	-3.93E-11	-4.12E-13
	P 值	0.1915	0.8509	0.9690	0.9921	0.9976
VAR [TFP 和 d（GDP）]	TFP 方程残差 BDS 统计量	-2.22E-05	-7.17E-05	-0.0002	-0.0003	-0.0004
	P 值	0.6562	0.5227	0.4131	0.3176	0.2345
	d（GDP）方程残差 BDS 统计量	0.0023	0.0268	0.0941	0.1383	0.1669
	P 值	0.8707	0.2449	0.0008	0.0000	0.0000

从表 3 - 9 可以看到，在技术进步和经济政策不确定性构建的 VAR 模型中，TFP 方程残差在检验维数为 3 和 6 时存在非线性信息，d（EPU）方程残差在检验维数为 2 时也不能拒绝残差服从独立同分布的原假设，这说明在该线性模型中，TFP 和 d（EPU）残差仍然存在非线性信息残余。在由产出增长和经济政策不确定性构建的 VEC 模型中，GDP 方程残差在检验维数为 4 ~ 6 时存在未能由 EPU 线性解释的信息，而 EPU 的残差序列则均在 5% 的显著性水平上不拒绝独立同分布的原假设，这表明 EPU 对 GDP 同时存在线性和非线性影响。在由技术进步和 d（GDP）所构成的 VAR 模型中，TFP 的残差同样无法在 5% 的显著性水平上拒绝服从独立同分布的原假设，而 d（GDP）的残差序列在检验维数为 4 ~ 6 时拒绝了原假设，即残差存在非线性信息。

综上所述，通过残差 BDS 检验发现，技术进步、产出增长和经济政策不确定性之间同时存在可以由 VAR/VEC 模型识别的线性关系和未能由 VAR/VEC 模型进行合理解释的非线性信息。三者之间的关系更倾向于表现为 EPU 对产出增长和技术进步存在线性和非线性影响，进而使得技术进步对产出也存在线性和非线性影响。

3.3.2.2　残差之间的非线性格兰杰因果关系检验

大多数现代经济理论都潜在地把经济系统中变量间的关系看作线性的。在线性假设基础上构建起的线性范式经济理论能够帮助理解分析局部均衡和一般均衡，能够清晰地阐述变量之间的相互关系。然而，20 世纪 70 年代以来，系统科学和非线性经济理论的快速发展，却让人们意识到，线性假设下的经济分析和预测可能导致严重的偏差甚至失效。正如格兰杰（Granger，1988）曾指出，"世界几乎肯定是由非线性关系构成的"。传统格兰杰因果检验基于两变量之间的线性假设，对两时间序列变量间的一阶矩进行检验。假设有两个时间序列的经济变量 X 和 Y，若 X 的过去的信息有助于解释变量 Y 的变化，则认为变量 X 是变量 Y 的格兰杰原因。在某种程度上可以用数学语言表述为：

$$f(Y_t \mid Y_{t-1}, \cdots, X_{t-1}, \cdots) = f(Y_t \mid Y_{t-1}, \cdots) \tag{3-3}$$

可见，在处理某些经济变量之间的关系时传统格兰杰因果检验可能因其严格的假设前提而导致研究结果出现偏差。为了解决这一问题，非线性格兰杰因果检验方法顺势而生。贝克和布洛克（Baek and Brock，1992）首次运用非参数统计方法来识别非线性因果关系，但该方法假设被检验的变量为独立同分布。为了放宽假设前提，希姆斯特拉和琼斯（1994）在贝克和布洛克（1992）的基础上，基于关联积分提出了用于检验时间序列可能存在的非线性因果关系方法，该方法利用 $TVAL$ 统计量进行非线性识别。这一方法认为即使被检验序列之间存在短期依赖，也能够检验它们之间是否存在非线性因果关系。$TVAL$ 统计量具体构造如下：

考虑两个严平稳且弱相关的时间序列 X_t 和 Y_t，定义 X_t 的 m 维向前向量为 X_t^m，X_t 的 L_x 期滞后向量和 Y_t 的 L_y 期滞后向量分别为 $X_{t-L_x}^{L_x}$ 和 $Y_{t-L_y}^{L_y}$，即：

$$X_t^m = (X_t, X_{t+1}, \cdots, X_{t+m-1}), m = 1, 2, \cdots, M; t = 1, 2, \cdots, T \tag{3-4}$$

$$X_{t-L_x}^{L_x} = (X_{t-L_x}, X_{t-L_x+1}, \cdots, X_{t-1}), L_x = 1, 2, \cdots, K_1; t > L_x \tag{3-5}$$

$$Y_{t-L_y}^{L_y} = (Y_{t-L_y}, Y_{t-L_y+1}, \cdots, Y_{t-1}), L_y = 1, 2, \cdots, K_2; t > L_y \tag{3-6}$$

M、K_1、K_2 分别为对应向量的最高维数，T 是变量期数，对于给定的 m、L_x、L_y 以及带宽 $e > 0$：

$$\Pr(\|X_t^m - X_s^m\| < e \mid \|X_{t-L_x}^{L_x} - X_{s-L_x}^{L_x}\| < e, \|Y_{t-L_y}^{L_y} - Y_{s-L_y}^{L_y}\| < e)$$

$$= \Pr(\|X_t^m - X_s^m\| < e \mid \|X_{t-L_x}^{L_x} - X_{s-L_x}^{L_x}\| < e) \tag{3-7}$$

如果式（3-7）成立，则表示时间序列 Y_t 对 X_t 的条件概率不产生影响，即 Y_t 不是 X_t 的格兰杰原因。式中 $\| \ \|$ 表示最大范数（maximum norm）。式（3-7）也可以采用联合概率的方式表述：

$$\frac{C_1(m + L_x, L_y, e)}{C_2(L_x, L_y, e)} = \frac{C_3(m + L_x, e)}{C_4(L_x, e)} \tag{3-8}$$

这里的 $C_i(\ )(i = 1, 2, 3, 4)$ 为联合概率积分量，其中：

$$C_1(m + L_x, L_y, e) = \Pr(\|X_{t-L_x}^{m+L_x} - X_{s-L_x}^{m+L_x}\| < e, \|Y_{t-L_y}^{L_y} - Y_{s-L_y}^{L_y}\| < e)$$

$$C_2(L_x, L_y, e) = \Pr(\|X_{t-L_x}^{L_x} - X_{s-L_x}^{L_x}\| < e, \|Y_{t-L_y}^{L_y} - Y_{s-L_y}^{L_y}\| < e)$$

$$C_3(m + L_x, e) = \Pr(\|X_{t-L_x}^{m+L_x} - X_{s-L_x}^{m+L_x}\| < e)$$

$$C_4(L_x, e) = \Pr(\|X_{t-L_x}^{L_x} - X_{s-L_x}^{L_x}\| < e) \tag{3-9}$$

在 Kernel 函数 $K(Z_1, Z_2, e)$ 中，当 Z_1 和 Z_2 两个变量之间的最大范数距离落在 e 内时赋予权重为 1，落在 e 之外时赋予权重为 0。在 X_t 和 Y_t 严平稳且弱相关的条件下，检验式（3 - 8）可以进一步转化为检验式（3 - 10）是否成立：

$$\sqrt{n}\left(\frac{C_1(m + L_x, L_y, e)}{C_2(L_x, L_y, e)} - \frac{C_3(m + L_x, e)}{C_4(L_x, e)}\right)^{\alpha} \sim N[0, \sigma^2(m, L_x, L_y, e)]$$

$$\tag{3-10}$$

式（3 - 10）中方差 $\sigma^2(m, L_x, L_y, e)$ 的计算及式（3 - 10）的证明详见希姆斯特拉和琼斯（1994）。式（3 - 10）对应的统计量称为 $TVAL$ 统计量，该检验方法也称为 HJ 检验。HJ 检验可能产生"过度拒绝"问题，迪克斯和潘琴科（2006）为了克服该问题，在后续研究中提出了改进的非参数 T_n 统计量。

令 $m = L_x = L_y = 1$，式（3 - 8）可重新表述为 (X_t, Y_t, X_{t+1}) 的联合分布：

$$\frac{f_{x_t, y_t, x_{t+1}}(X_t, Y_t, X_{t+1})}{f_{x_t, y_t}(X_t, Y_t)} = \frac{f_{x_t, x_{t+1}}(X_t, X_{t+1})}{f_{x_t}(X_t)} \tag{3-11}$$

于是，将"X_t 和 Y_t 不存在 Granger 因果关系"的原假设表示为：

$$E\left[\left(\frac{f_{x_t, y_t, x_{t+1}}(X_t, Y_t, X_{t+1})}{f_{x_t, y_t}(X_t, Y_t)} - \frac{f_{x_t, x_{t+1}}(X_t, X_{t+1})}{f_{x_t}(X_t)}\right) \times g(X_t, Y_t, X_{t+1})\right] = 0$$

$$\tag{3-12}$$

其中 $g(\cdot)$ 为恒正的权重函数。式（3 - 12）意味着如下关系式成立：

$$q \equiv E[f_{x_t, y_t, x_{t+1}}(X_t, Y_t, X_{t+1})f_{x_t}(X_t) - f_{x_t, y_t}(X_t, Y_t)f_{x_t, x_{t+1}}(X_t, X_{t+1})] = 0$$

$$\tag{3-13}$$

因此，构建的 T_n 统计量如下：

$$T_n(e_n) = \frac{n-1}{n(n-2)} \sum_{i=1}^{n} \left[\hat{f}_{x_t,y_t,x_{t+1}}(x_{it},y_{it},x_{it+1}) \hat{f}_{x_t}(x_{it}) \right.$$

$$\left. - \hat{f}\hat{f}_{x_t,y_t}(x_{it},y_{it}) \hat{f}_{x_{it},x_{t+1}}(x_{it},x_{it+1}) \right] \qquad (3-14)$$

这里，$\hat{f}_z(z_i)$ 为随机向量局部密度估计，在相关假设下迪克斯和潘琴科（2006）证明了 T_n 统计量具有如下性质：

$$\sqrt{n} \frac{[T_n(e_n)-q]}{S_n} \sim N(0,1) \qquad (3-15)$$

其中，S_n 为 $T_n(e_n)$ 渐进方差的估计值。

为了进一步确定技术进步、产出和经济政策不确定性三者之间是否存在非线性关系，本书用 TVAL 统计量和 T_n 统计量分析残差之间的非线性预测能力。由于在检验过程中不同带宽 e 的设定也可能导致不同的结果，为了使检验结果更加稳定可靠，本书参照希姆斯特拉和琼斯（1994）的做法将 e 设定为1.5。同时，结合本书所使用数据的长度和出于使检验结果更加稳健的目的，本书在表3-10中给出滞后1~8阶的检验结果。

表3-10 **TFP、GDP 和 EPU 的 VEC 模型的残差非线性格兰杰因果检验结果**

原假设	$TFP \neq\rightarrow d\ (EPU)$		d $(EPU) \neq\rightarrow TFP$		$GDP \neq\rightarrow EPU$	
$L_x = L_y$	TVAL	T_n	TVAL	T_n	TVAL	T_n
1	-0.1608	-0.1805	-0.9333	-0.9764	-2.7397	-2.3010
2	-0.7672	-0.8293	-1.1362	-0.6051	-2.5735	-2.1351
3	1.0239	0.6866	0.9549	0.6983	-3.1139	-1.8888
4	0.4555	0.2979	1.3033 *	1.1794	-2.0878	-1.5221
5	0.2628	-0.0323	1.3795 *	0.9923	-1.7422	-1.5255
6	0.1544	0.0244	0.9524	0.4621	-1.0986	-1.0368
7	0.0434	-0.1216	0.4549	0.1933	-1.1225	-1.0435
8	-0.4109	-0.4523	0.3692	0.4212	-0.1978	-0.5205

续表

原假设	$EPU\neq\rightarrow GDP$		$TFP\neq\rightarrow d（GDP）$		d（GDP）$\neq\rightarrow TFP$	
$L_x = L_y$	TVAL	T_n	TVAL	T_n	TVAL	T_n
1	-2.2459	-2.2848	-0.4983	-0.5021	-0.4231	-1.0460
2	-2.2226	-1.7759	-0.3066	-0.5616	-1.1948	-1.1815
3	-1.2890	-0.7135	-0.5553	-0.7560	-0.8339	-0.9019
4	-0.7249	0.4469	-0.2968	-0.5587	0.2100	0.3082
5	0.3850	1.1914	-0.5787	-0.6477	-0.6266	-0.7415
6	1.6511 **	1.0674	1.1399	0.7231	0.3725	0.0000
7	1.4527 *	1.0487	0.6825	0.6172	-0.1180	-0.2874
8	1.406 *	0.8719	0.6760	0.6182	-0.2642	-0.4810

注：表中给出的是对应的统计量，* 、** 、*** 分别表示在 10% 、5% 、1% 的水平上显著。

表 3 - 10 显示，"TFP 到 d（EPU）""GDP 到 EPU""TFP 到 d（GDP）" "d（GDP）到 TFP"的 TVAL 和 T_n 非参数检验，在 10% 的显著性水平上都无法拒绝原假设，这表明"TFP 到 d（EPU）""GDP 到 EPU""TFP 到 d（GDP）" "d（GDP）到 TFP"不存在非线性格兰杰因果关系。而"d（EPU）到 TFP" 的滞后 4 和 5 阶的 TVAL 统计量均在 10% 的显著性水平上拒绝不存在非线性格兰杰因果关系的原假设，同时，"EPU 到 GDP"的滞后阶数为 6、7 和 8 时的 TVAL 统计量也在 10% 的显著性水平上拒绝不存在非线性格兰杰因果关系的原假设，表明经济政策不确定性对产出和技术进步存在非线性影响，线性模型估计的残差仍然存在非线性信息残余。

3.4　本章小结

本章先对国内外经济政策不确定性进行了统计分析，然后就技术进步对产出增长的贡献进行了国际层面和国内区域层面的比较分析，最后检验了经济政策不确定性、产出和技术进步之间的非线性关系。得到以下主要结论。

（1）在对中国经济政策不确定性的统计分析中发现，中国经济政策不确定性的每一次异常波动往往跟当期国内外经济大事件和经济政策的频繁调整存在直接关系，经济政策不确定性表现出典型的逆经济周期特征；在对经济政策不确定性的国际比较分析中表明，由于各国经济、政治和文化的紧密交织，全球、中国和美国经济政策不确定性指数在长期保持着相似的波动特征，但在 2011 年之后，中国经济政策不确定性指数相比美国和全球有更明显的上升趋势，说明中国政府对经济政策的干预相比以往有所加强，欧元区部分国家之间和金砖国家之间在经济政策不确定性方面也具有类似的波动情况；经济政策不确定性的国际关联特征分析结果显示，经济政策不确定性具有较强的国际关联性，从总体上看，部分经济体国家的经济政策不确定性有 48.1%是由其他国家经济政策波动引起的，美国是全球最大的经济政策不确定性溢出国，中国对其他国家经济政策不确定性的总体溢出效应较小，同时，中国受其他国家经济政策不确定性的溢出影响在所有国家中相对较弱，但受美国经济政策不确定性的影响较大。

（2）从不同国家全要素生产率对产出增长的贡献比较上看，长期以来，大部分发达国家如美国、德国、日本等全要素生产率对产出增长的贡献为正，虽然发展中国家中国和印度在 GDP 增长方面保持着较高增速，但全要素生产率对产出增长的贡献为负；从中国全国及省际全要素生产率的比较中可以得出，中国整体全要素生产率在 2012 年开始出现下滑，其对产出增长的贡献开始由正变负，这提示提高全要素生产率将是中国未来保持经济持续增长的着力点；从全要素生产率的省际比较中发现，长期以来，仅有少数省份全要素生产率对产出增长的贡献为正，大部分省份经济增长的质量相对较低，此外，东部地区全要素生产率高于中部和西部地区。

（3）经济政策不确定性、产出和技术进步之间的线性关系检验结果显示，三者之间存在长期稳定的协整关系，即三者间存在线性关系。根据构建的 VAR/VEC 方程残差 BDS 检验，产出和技术进步均存在未能由 EPU 进行解释的线性信息，三者间的非线性格兰杰因果关系检验结果进一步表明，经济政策不确定性对产出和技术进步存在未能由线性模型所解释的非线性信息残余，即经济政策不确定性对产出和技术进步具有非线性影响。

第 4 章

经济政策不确定性的跨国传导及其
对经济增长影响的国别差异

经济政策不确定性冲击不仅是某一个国家或地区的问题，也是全球各国需要面对的问题。经济政策不确定性作为不确定性的特定表现形式，对本国和他国宏观经济会产生不可忽视的影响。从现有国际层面关于经济政策不确定性的文献来看，相关研究主要涉及以下两个方面。一是从静态方面探讨经济政策不确定性的国际关联性或跨国溢出效应。如康和尹（2018）、肖小勇等（2019）分析了各国经济政策不确定性之间的关联性；王正新和姚培毅（2019）研究了中国同美国、日本和英国之间的经济政策不确性溢出情况，发现中国经济政策不确定性对美国、日本和英国均具有一定的正向溢出效应，且影响不一；向古月等（2019）研究认为，经济政策不确定性的影响有 1/5 是来源于其他经济体的传导。二是研究分析经济政策不确定性对他国宏观经济的影响。这类分析主要涉及经济政策不确定性对他国货币市场（Lee，2018）、外商直接投资（杨永聪和李正辉，2018）、股票期货市场（Li and Peng，2017；Das et al.，2019）、工业产出和价格（Colombo，2013）的影响。然而，现有国际层面的研究尚未考虑到经济政策不确定性的国际动态传导，也未综合考虑经济政策不确定性对产出和技术进步的影响。

本章利用 1997 ~ 2017 年跨国层面的数据，构建了一个包含 19 个国家的全局向量自回归模型，运用脉冲响应函数分析经济政策不确定性的跨国动态传递，同时重点分析经济政策不确定性对产出和技术进步的影响，并进行国家间的比较，为经济政策不确定性对经济增长的影响提供来自国际层面的证据。这有利于更好地认识经济政策不确定性对宏观经济的影响，有助于评估他国经济政策不确定性对中国经济带来的影响，对提高经济抗风险能力和应对全球经济政策波动的冲击具有重要的现实指导意义。

4.1 跨国层面经济政策不确定性对
产出影响的机制分析

本书接下来分析经济政策不确定性的来源及其如何对本国技术进步和产出产生影响，具体如图 4 - 1 所示。

本国经济政策不确定性主要来源于两个方面。一是本国政府对自身经济的干预。在不完全市场经济下，尤其是宏观调控起主要作用的市场环境下，当本国经济环境发生较大变化或经济增长面临较大下行风险时，为了维持自身经济的稳定增长，本国政府会针对性地制定各项经济政策以可能保证产出的平稳增长，经济政策变动进而引起经济政策不确定性。同时，不够健全的

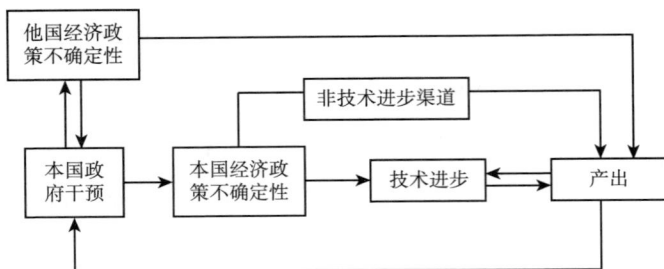

图 4 - 1　跨国层面经济政策不确定性对产出和技术进步影响的机制

制度、法律法规以及不够完善的政策沟通机制也会加剧经济政策不确定性
（纪洋等，2018）。中欧国际工商学院发布的《2014 年中国商业报告》调查发
现，57% 的本土企业和 66% 的外资企业把"法律法规不清晰并经常变动"看
作经营中的主要顾虑，也对各项政策贯彻执行不一表示担忧。此外，宏观调
控目标之间存在内在冲突与困境，经济政策调控在目标间的切换同样会加剧
经济政策不确定性（贝克等，2016）。二是本国政府对他国经济政策变动或
国际不稳定因素的反应。一方面，如果本国和某国具有较强的政治联系抑或
是战略同盟，为了达成共同目的，两国经济政策在一定程度上会有较强的联
动性，一国的经济政策变化会引起另一国经济政策共同变化；而如果本国和
他国具有较强的竞争性，他国经济政策的变动就会引起本国的警觉，本国出
于防范和应对也会制定或变动对应的经济政策，进而引起本国经济政策不确
定性。另一方面，地缘政治和金融危机引起的国际不稳定因素，可能会引起
资本的跨国流动，造成汇率和大宗商品价格的剧烈波动，本国为了降低外部
冲击对经济增长的不良影响，也会制定和调整经济政策（肖小勇等，2019）。

国内外经济政策不确定性均会对本国产出水平造成一定的影响。本国经
济政策不确定性对产出的影响可以分为技术进步渠道和非技术进步渠道。非
技术进步渠道方面，本国经济政策不确定性会对就业（贝克等，2016）、投
资（李凤羽和杨墨竹，2015）、进出口（谢波提洛和斯图卡茨，2017）和消

费等造成影响,进而作用于产出增长。技术进步渠道方面,本国经济政策不确定性不仅会通过实物期权和融资溢价等机制影响企业的研发投入(曼索,2011;孟庆斌和师倩,2017),还会引起社会资源错配(杨筝,2019),从而抑制广义技术进步的提升,降低经济增长效率,阻碍技术进步对产出的促进作用。国外经济政策不确定性除了通过本国经济政策不确定性间接影响本国产出水平外,也有可能直接影响本国的出口贸易(张兵兵和田曦,2018)和投资(杨永聪和李正辉,2018)等,从而阻碍或促进产出增长。

4.2 实证模型构建和统计检验

4.2.1 GVAR 实证模型构建和变量说明

4.2.1.1 GVAR 模型的构建

全局向量自回归模型(GVAR)最早由加勒特等(Garratt et al.,2003a;2003b;2006)提出并发展而来。该模型所使用的脉冲响应函数不仅能够用于分析油价和大宗商品等全球性冲击对主要经济体的影响,也可以用于分析区域内共同外生冲击(如货币政策和财政政策)对子区域各经济变量的宏观影响,还可以用来研究某国家(或地区或行业)某内生变量的冲击对所有国家(或地区或行业)内生变量的动态影响和溢出效应。从模型类型上看,GVAR属于偏大型宏观计量经济学模型,其系统往往很庞大,所需要估计的参数个数太多,这便对数据长度有了较高的要求。对于 GVAR 模型,如果使用传统VAR 模型方法进行估计,则难以得到有效的估计结果,所以 GVAR 是先对子系统的参数进行估计,进而估算整个系统的参数。具体地,先估计各个国家对应的地区向量自回归模型（VARX*）参数，然后通过权重矩阵对各个 VARX* 进行联结，进而估算出全局变量对应的系数。这样在某种程度上能够解决对 GVAR 进行直接估计面临需要同时估计系数过多的问题。

以国家间的样本为例构建全局向量自回归模型。全局向量自回归模型建立在单个国家的向量自回归模型之上，先建立第 i 个国家的简单 VARX*，为了表述方便，以下模型变量设置成滞后一阶，实际运用过程中则根据 AIC 和 SIC 信息准则选择最优滞后阶数：

$$X_{it} = \alpha_{i0} + \alpha_{i1}t + \Phi_i X_{it-1} + \Lambda_{i0} X_{it}^* + \Lambda_{i1} X_{it-1}^* + \varepsilon_{it} \tag{4-1}$$

$$t = 1, 2, \cdots, T; \ i = 0, 1, 2 \cdots, N; \ \varepsilon_{it} \sim i.i.d\left(0, \sum{}_{ii}\right)$$

其中，X_{it} 为第 i 个国家的 k_i 阶国内内生变量向量，X_{it}^* 为第 i 个国家的 k_i^* 阶国外变量向量，$X_{it}^* = \sum\limits_{j=0}^{N} w_{ij} X_{jt}$，权重 w_{ij} 通过计算第 j 个国家占第 i 个国家的贸易权重或者经济距离权重得到。α_{i0} 和 α_{i1} 分别是截距项以及趋势项，Φ_i 为 $k_i \times k_i$ 阶系数矩阵，Λ_{i0}，Λ_{i1} 都是 $k_i \times k_i^*$ 系数矩阵。ε_{it} 为第 i 国自主冲击的随机误差向量，这里假设各个国家的自主冲击都是非序列相关的，同时假设 $\sum{}_{ii}$ 具有时不变性。

接着把国内和国外变量结合在一起得到向量 Z_{it}，其为 $(k_i + k_i^*)$ 维列向量，$Z_{it} = \begin{bmatrix} X_{it} \\ X_{it}^* \end{bmatrix}$。这时式（4-1）可变成：

$$A_i Z_{i,t} = \alpha_{i0} + \alpha_{i1}t + B_i Z_{i,t-1} + \varepsilon_{i,t} \tag{4-2}$$

其中，$A_i = (I_{ki}, -\Lambda_{i0})$，$B_i = (\Phi_i, \Lambda_{i1})$。$A_i$ 和 B_i 为 $k_i \times (k_i + k_i^*)$ 维矩阵，且 $rank(A_i) = k_i$，接下来将各国变量结合在一起，得到一个 $k \times 1$ 的向量 $X_t = (X_{0t}', \cdots, X_{Nt}')'$，$k = \sum\limits_{i=0}^{N} k_i$ 为全球模型中所有内生变量个数。于是有：

$$Z_t = W_i X_t; i = 0, 1, 2, \cdots, N \tag{4-3}$$

其中，W_i 是一个 $(k_i + k_i^*) \times k_i$ 矩阵，可以看成将各国 VARX* 连接成 GVAR

的连接矩阵，各个元素即对应权重构成的系数都是已知的。将式（4－2）和式（4－3）联合在一起得到：

$$A_i W_i X_t = \alpha_{i0} + \alpha_{i1} + B_i W_i X_{t-1} + \varepsilon_{it} \tag{4－4}$$

写成上下叠加的形式便得到：

$$GX_t = \alpha_{i0} + \alpha_{i1}t + HX_{t-1} + \varepsilon_{it} \tag{4－5}$$

其中 G 为 $k \times k$ 满秩矩阵，将式（4－6）变形为：

$$X_t = G^{-1}\alpha_0 + G^{-1}\alpha_1 + G^{-1}HX_{t-1} + G^{-1}\varepsilon_t \tag{4－6}$$

到此，各国的 VARX* 模型就连接成了 GVAR 模型，由于构造的矩阵 G 是通过计算贸易权重或者经济距离权重得到的，各国的 VARX* 也可以单独估计，系数过多导致数据长度不够的问题就得到了解决。在式（4－6）中进一步得到误差修正模型（VECMX*）：

$$G\Delta X_t = \alpha_0 + \alpha_1 t - (G - H)X_{t-1} + \varepsilon_t \tag{4－7}$$

$$G - H = \begin{bmatrix} (A_0 - B_0)W_0 \\ (A_1 - B_1)W_1 \\ \vdots \\ (A_N - B_N)W_N \end{bmatrix}, \alpha_0 = \begin{bmatrix} \alpha_{00} \\ \alpha_{10} \\ \vdots \\ \alpha_{N0} \end{bmatrix}, \alpha_1 = \begin{bmatrix} \alpha_{01} \\ \alpha_{11} \\ \vdots \\ \alpha_{N1} \end{bmatrix}$$

在 GVAR 模型构建过程中将 VARX* 进行一般化，加入全局向量，如大宗商品价格。便可得到加入全局向量的 GVAR 模型：

$$GX_t = \alpha_{i0} + \alpha_{i1}t + HX_{t-1} + \Psi_0 d_t + \Psi_1 d_{t-1} + \varepsilon_t \tag{4－8}$$

其中，d_t 是 $s \times 1$ 的全局向量，并假设其对各国来说是弱外生性的，式（4－8）中别的向量定义如开头所定义的一样，而，

$$\Psi_0 = \begin{bmatrix} \Psi_{00} \\ \Psi_{10} \\ \vdots \\ \Psi_{N0} \end{bmatrix} \quad \Psi_1 = \begin{bmatrix} \Psi_{01} \\ \Psi_{11} \\ \vdots \\ \Psi_{N1} \end{bmatrix}$$

GVAR 模型的估计分两步，先估计单个国家 VARX* 模型中的参数，然后在前一步估计的基础上，根据权重矩阵估算出 G、H 和 Ψ。在 GVAR 模型中输入各个国家经济变量、权重矩阵以及全局向量，利用 GVAR Toolbox 2.1 便可进行相应估计。同普通 VAR 模型一样，GVAR 模型为了解释和预测经济变量之间的相互关系需要采用脉冲响应函数进行相应分析，只不过 GVAR 模型采用的是库普等（Koop et al.，1996）提出的广义脉冲响应函数（GIRF）：

$$GIRF_y(n, v_i, \omega_{t-1}^s) = E[y_{t+n} | v_i, \omega_{t-1}^s] - E[y_{t+n} | \omega_{t-1}^s] \qquad (4-9)$$

其中，y 为受冲击的响应变量，v_i 为产生响应的冲击项，i 为冲击类型，ω_{t-1}^s 为模型在 $t-1$ 时刻的历史信息，s 为冲击达到系统的时间，n 是预测水平，$E[\cdot]$ 为期望算子。

根据研究的基本思路，本章构建的全局向量自回归模型（GVAR）的国内变量包括经济社会产出水平（实际 GDP）、技术进步（TFP）和经济政策不确定性（EPU）。利用 GVAR 进行全球经济分析时，一般会使用大宗商品价格如国际原油价格、工业原材料价格和铁矿石价格等作为全局变量。原油作为全球工业经济的血液，它具有资源属性、商品属性和金融属性。原油价格波动在国际经济间扮演着重要的桥梁作用，陈等（2020）发现，国际油价震荡会对经济政策不确定性带来影响。因此，本书使用国际原油价格作为全局变量纳入 GVAR 模型（根据模型设定需要，将国际原油价格设置为美国的国内变量）。权重矩阵 w 具体参照叶阿忠和朱松平（2017）基于贸易流量来构建。

4.2.1.2 数据说明

GVAR 模型的识别及参数估计需要较大的样本量，考虑数据的可获得性，本书选择的国家主要包括澳大利亚、巴西、加拿大、智利、中国、法国、德国、希腊、印度、爱尔兰、意大利、日本、墨西哥、荷兰、俄罗斯、西班牙、瑞典、英国和美国共 19 个国家 1997~2017 年的样本数据。具体变量来源及处理如下所述。

实际 GDP。GDP 数据来自联合国贸易和发展会议数据库和佩恩表 pwt9. 1（www. ggdc. net/pwt），按购买力平价汇率换算成以 2011 年为基期的美元计价。

技术进步。采用 DEA 计算出来的 M 指数来表示，计算技术进步时的投入变量为劳动力人数及资本存量，产出变量为实际 GDP。劳动力人数用就业人数衡量，和资本存量一样，数据主要来自联合国贸易和发展会议数据库和佩恩表。计算技术进步时所用数据时间跨度为 1996~2017 年。

EPU 指数。各国经济政策不确定性指数来自贝克等（2016），将月度数据求和取平均值得到年度 EPU 指数。

国际原油价格。国际原油价格以英国北海道布伦特原油现货价格来表示，数据来自 WIND 数据库。

此外，GVAR 模型构建贸易权重矩阵时所使用的进出口贸易数据来自国际货币基金组织（IMF）的 DOTS 数据库。同时，在实证过程中对实际 GDP、EPU 指数、POIL 进行取自然对数处理。美国和其他国家的国内变量和国外变量分别如下（$gdps$、$tfps$、$epus$ 和 $poils$ 分别为地区 GDP、TFP、EPU 和 $POIL$ 对应的国外变量）：

美国：$X_{0t} = (\ln GDP, TFP, \ln EPU, \ln POIL)'$，$X_{0t}^* = (\ln gdps, tfps, \ln epus)'$

其他国家：$X_{it} = (\ln GDP, TFP, \ln EPU)'$，$X_{it}^* = (\ln gdps, tfps, \ln epus, \ln poils)'$

4.2.2　统计检验

4.2.2.1　单位根及协整检验

同一般向量自回归模型一样，全局向量自回归模型在进行参数估计之前必须对数据的平稳性进行相应的检验。不同的是，GVAR 模型不是综合各个国家数据一起进行检验，而是分别对每一个国家 VARX* 中的国内变量和国外变量运用 ADF 和 WS 方法进行单位根检验，检验的结果相对较多。限于篇幅，本书略去了相关国家的国内变量和国外变量 ADF、WS 单位根检验结果。检验发现，大部分国内变量和国外变量的原始序列都是非平稳的，而一阶差分序列则满足平稳性要求，符合 GVAR 的建模要求。根据 AIC 信息准则，选择各国 VARX* 中国内变量和国外变量的最优滞后阶数并采用迹检验和最大特征值检验方法对模型进行协整检验。结果如表 4-1 所示，所有国家 VARX* 中均存在一个协整数量，单位根和协整检验结果满足建立 GVAR 模型的基本条件。

表 4-1   各国 VARX* 国内变量和国外变量滞后阶数及协整数量

国家	滞后阶数		协整数量	国家	滞后阶数		协整数量
	p	q			p	q	
澳大利亚	1	1	1	意大利	1	1	1
巴西	1	1	1	日本	2	1	1
加拿大	1	1	1	墨西哥	1	1	1
智利	1	1	1	荷兰	1	1	1
中国	1	1	1	俄罗斯	1	1	1
法国	2	1	1	西班牙	1	1	1
德国	1	1	1	瑞典	1	1	1
希腊	1	1	1	英国	1	1	1
印度	1	1	1	美国	2	1	1
爱尔兰	1	1	1				

4.2.2.2 弱外生性检验

在满足单位根及协整检验的一般要求后，全局向量自回归模型还需要对各个 VARX* 模型的国外变量和全局变量进行弱外生性检验。表 4 - 2 显示，大部分国家的国外变量均能够满足弱外生性要求，只有澳大利亚的 *epus*、智利的 *epus*、爱尔兰的 *poils* 和俄罗斯的 *epus* 在 5% 的水平上显著，即需要在 GVAR 模型的估计过程中将该变量删除。

表 4 - 2   **各国 VARX* 模型的弱外生性检验结果**

国家	F test	Fcrit_0.05	*tfps*	*epus*	*gdps*	*poils*
澳大利亚	F (1, 10)	4.9646	0.0419	9.5102	1.3435	1.9842
巴西	F (1, 10)	4.9646	0.0338	0.2591	0.0202	0.5237
加拿大	F (1, 10)	4.9646	1.4275	0.0092	2.6002	0.0303
智利	F (1, 7)	5.5914	0.0748	6.1106	0.0519	0.1609
中国	F (1, 10)	4.9646	0.2419	1.2239	4.4204	3.3695
法国	F (1, 10)	4.9646	0.5354	1.2504	1.1055	0.8184
德国	F (1, 10)	4.9646	0.0576	1.3213	1.8591	4.1523
希腊	F (1, 10)	4.9646	1.5989	0.0030	0.0040	0.0681
印度	F (1, 7)	5.5914	0.1148	0.0176	0.0374	0.0258
爱尔兰	F (1, 10)	4.9646	0.6979	1.4641	0.0858	6.6644
意大利	F (1, 10)	4.9646	0.2047	0.0469	3.1930	2.9109
日本	F (1, 10)	4.9646	0.1841	2.3725	3.4848	1.0541
墨西哥	F (1, 10)	4.9646	0.3304	2.4868	2.0719	1.6077
荷兰	F (1, 10)	4.9646	1.1165	0.1780	0.7178	0.1002
俄罗斯	F (1, 7)	5.5914	0.1446	7.3715	5.3106	0.3723
西班牙	F (1, 10)	4.9646	0.2407	0.0433	0.1131	0.1202
瑞典	F (1, 10)	4.9646	0.1570	0.5913	0.5981	0.0024
英国	F (1, 11)	4.9646	0.0288	1.9065	2.8851	0.7302
美国	F (1, 8)	5.3177	0.1062	2.5423	3.7943	—

GVAR 回归结果能够涵盖模型中涉及的所有国家和地区，为了便于分析，后面在进行国家间的对比分析时仅选取中国、印度、日本、英国和美国五个国家进行阐述。

4.3 实证分析

4.3.1 经济政策不确定性的跨国传导效应

4.3.1.1 美国经济政策不确定性跨国传导效应分析

图 4 - 2 为美国经济政策不确定性一单位标准差正向冲击下，中国、印度、日本和英国经济政策不确定性动态响应路径图。总体响应值符号均为正，从响应大小上看，英国＞日本＞中国＞印度，即美国经济政策的波动会导致以上四国经济政策不确定性也跟着发生变动，美国经济政策不确定性具有正向传导效应。其中，受到美国经济政策波动的冲击，英国经济政策不确定性的变动幅度最大，在受冲击的当期上升了 4.7%，随后在第 3 期达到最大值 9.9%，此后便逐渐收敛。而日本则在当期表现出最大的响应值 5.5%，并在受冲击后的第 2 期达到最大值 9.6%，随后也呈现逐渐收敛趋势。虽然日本在短期内受美国经济政策不确定性冲击的影响大于英国，但在总体受冲击效果上却低于英国。相比于以上两个发达国家，印度和中国受美国经济政策不确定性的冲击响应则小很多，无论是在当期响应值还是在收敛水平上均弱于英国和日本。这表明美国经济政策不确定性对发达国家的传导效应较发展中国家大。发达国家市场化程度高，市场经济发育较成熟，有效的市场机制及信息传导渠道有利于经济政策不确定性的传导。此外，美国同日本和英国有着全方位的交流合作，美国经济政策的变动更容易牵扯到合作伙伴的利益，出于应对不利影响，相关国家也会积极应对，及时调整对应政策，这便导致了美国对英国和日本具有较高的经济政策不确定性传导效应。同时，在

图 4 - 2 中也可以看到，面对美国经济政策不确定性的冲击，中国相比于印度会有更大的响应表现，印度当期的响应值为 2.1%，中国的当期响应值为 2.3%，印度在第 2 期达到最大响应值 5.5%，中国则在第 3 期达到最大响应值 6.8%。印度和美国虽然在某些政策方面会保持一定的同步性，但中国和美国是世界上两个最大的经济体，中美两国相互间的贸易联系更强，近些年来中美两国的贸易摩擦不仅给两国贸易经济带来了较大影响，而且也因此在各类相关政策上进行频繁博弈，使得中国受美国经济政策不确定性冲击的响应比印度大。

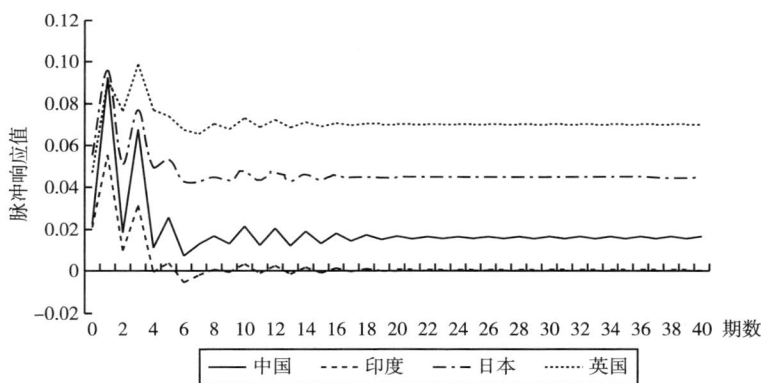

图 4 - 2　中、印、日、英四国 EPU 对美国 EPU 冲击的脉冲响应

4.3.1.2　中国经济政策不确定性冲击的跨国传导

图 4 - 3 为对中国经济政策不确定性一单位标准差正向冲击，印度、日本、英国和美国四国经济政策不确定性的脉冲响应图。从四国总体冲击响应值大小上看，日本 > 印度 > 英国 > 美国，中国经济政策不确定性变化对周边国家的经济政策不确定性传导较大，这说明地缘政治因素是中国经济政策不确定性的对外传导过程中的重要影响因素。受中国经济政策不确定性冲击影响，日本在当期响应值为 1.9%，之后收敛到 2.8%，印度在当期响应值为

3.6%，之后收敛到 1.8% 左右，这表明中国经济政策的波动对印度经济政策波动的瞬间作用较大，而对日本的长期综合影响较大。中国作为世界上最大的发展中国家，在国际事务中具有一定的话语权，因此，经济政策不确定性对外具有一定影响，但通过图 4-2 和图 4-3 可以发现，相比美国而言，中国对其他国家（如日本、英国和印度）经济政策不确定性的传导效应却小得多，这同中美两国在综合实力上的差距不无关系。一方面，中国长期奉行独立自主的外交政策，在与各国的经济政治交往中强调互利互惠，这会导致中国经济政策不确定性的传导效应较低；另一方面，美国则更多地依靠强权政治进行外交，尤其是在当前，美国依靠自身军事和经济实力向外主张美国优先，长期推行霸权主义使得其经济政策不确定性的传导效应较为明显。通过对比中美两国经济政策不确定性的相互传导效应可以发现，中国对美国经济政策不确定性的传导甚微，而美国对中国经济政策不确定性的传导较大，因此，中国需要警惕美国经济政策不确定性对我国带来的冲击。

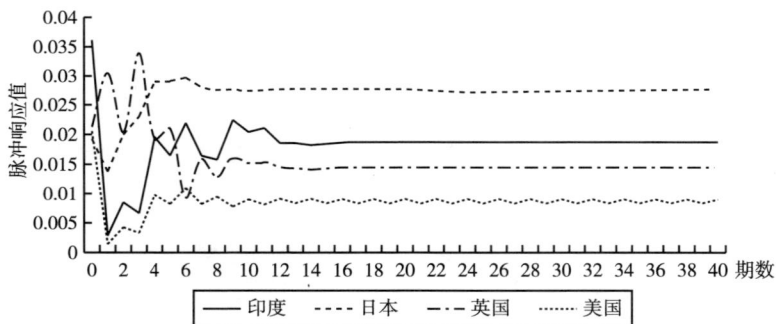

图 4-3　印、日、英、美四国 EPU 对中国 EPU 冲击的脉冲响应

4.3.1.3　发展中国家和发达国家之间经济政策不确定性的传导

为了进一步分析发达国家和发展中国家在经济政策不确定性传导中的区别，本书在 GVAR 模型中将样本中的国家划分为发达国家和发展中国家（发展中国家包括巴西、中国、印度、墨西哥、俄罗斯和智利，其余国家归入发达国家）。图 4－4 显示，对应于发达国家经济政策不确定性一单位标准差的正向冲击，发达国家和发展中国家经济政策不确定性的最终响应值分别收敛于 0.06 和 0.04，说明发达国家经济政策不确定性冲击较易对发达国家造成影响。从受经济政策不确定性冲击后的波动来看，发展中国家受冲击后经济政策不确定性的波动幅度大于发达国家，且达到收敛时所需时间更长，这表明发展中国家市场环境受冲击后的调整速度较发达国家慢。

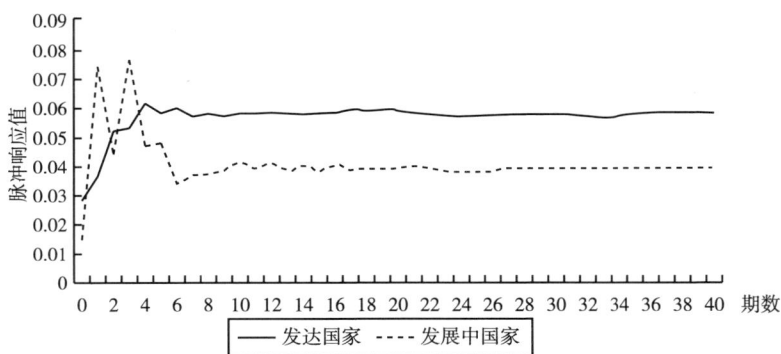

图 4－4　发达国家和发展中国家对发达国家 EPU 冲击的脉冲响应

图 4－5 显示，对于发展中国家经济政策不确定性一单位标准差的正向冲击，发展中国家的最终响应值会大于发达国家，说明发展中国家经济政策变动对发达国家的传导影响较弱，经济政策不确定性更易在发展中国家之间传导。另外，对比图 4－4 和图 4－5 也可以发现，发达国家经济政策不确定性无论是对发达国家还是对发展中国家经济政策不确定性的冲击效应均大于发展中国家的冲击效果。综合上述分析可以发现，全球经济政策不确定性的冲击主要源自发达国家，发达国家尤其是美国经济政策不确定性变动会对他国经济政策不确定性产生较大冲击。

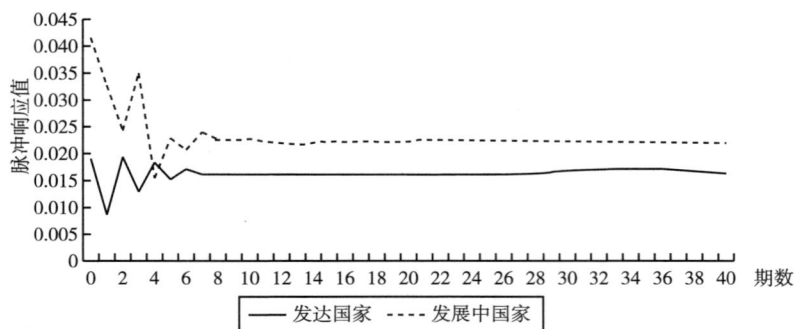

图 4 - 5　发达国家和发展中国家对发展中国家 EPU 冲击的脉冲响应

4.3.2　技术进步及产出对经济政策不确定性冲击的国别差异

4.3.2.1　技术进步对经济政策不确定性冲击的脉冲响应分析

如图 4 - 6 所示，给定各国经济政策不确定性一单位标准差的正向冲击，中国、印度、日本、英国和美国技术进步对自身 EPU 冲击的脉冲响应路径均表现出负向响应。各国呈现相似特征，均在第 3 期或第 4 期达到最大负向响应值，但在响应强度上存在差异。日本、英国和美国的最大响应值的绝对值分别为 2.0%、2.0% 和 2.1%，在数值上较为接近，说明三国经济政策不确定性对自身技术进步的影响大致趋同，相似的市场经济制度和经济发展程度使得三国具有类似的冲击表现。中国受到经济政策不确定性冲击的当期，技术进步下降了 0.11%，并在第 3 期达到最小值 - 0.72%，即中国经济政策不确定性冲击会对技术进步带来下降的压力。受冲击后中国技术进步在下降的数值表现上弱于日本、英国和美国，主要的原因可能是，中国在早期发展中过于依赖投资对经济增长的拉动作用，导致广义上的技术进步发展较慢，相比发达国家在整体上的技术进步明显要弱得多。然而，随着中国创新驱动发展战略实施的推进，以及产业结构的转型升级，在未来的经济发展过程中技术进步将为经济增长释放更强的动力，市场经济的不断完善必然推动市场机制的有效发挥，经济政策不确定性冲击对技术进步的影响也将更加明显。另外，印度技术进步受经济政策不确定性冲击的影响在五国之中表现最小，其在受冲击的当期下降约为 0.1%，并在第 3 期达到最大的响应值 −0.43%，这也佐证了市场经济发展程度在经济政策不确定性影响技术进步中具有的重要作用。

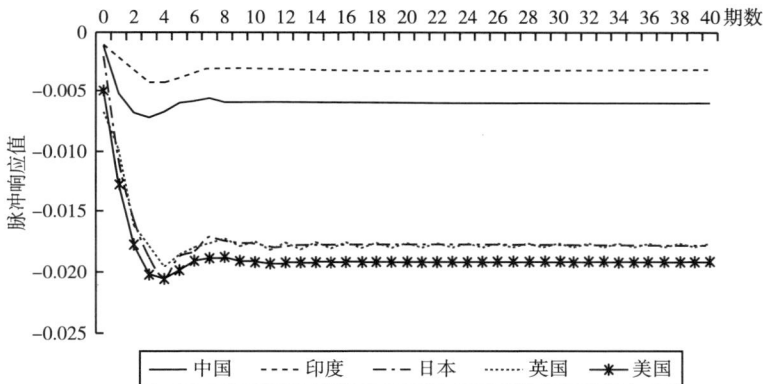

图 4 − 6　中、印、日、英、美五国技术进步对自身 EPU 冲击的脉冲响应

4.3.2.2　产出对经济政策不确定性冲击的脉冲响应分析

图 4 − 7 显示了中国、印度、日本、英国和美国五国产出对自身经济政策不确定性一单位标准差正向冲击的脉冲响应路径图。与技术进步受冲击的响应不同，产出对经济政策不确定性冲击的响应具有显著的差异性。发达国家日本、英国和美国产出受经济政策不确定性冲击的当期响应值分别为 −0.4%、−0.6% 和 −0.7%，随后在第 4 期下降到最大负响应值 −7.3%、−4.9% 和 −8.5%，但从最终影响来看，经济政策不确定性对美国产出的影响最大，其次是日本，再其次是英国。上述三个国家的产出水平受自身经济

政策不确定性冲击的影响依然大于中国和印度。印度的产出水平在受经济政策不确定性冲击的当期下降约2.0%，中国下降约0.4%，然而，印度受经济政策不确定性冲击后在第1期便达到了最大负响应值-2.2%，随后逐渐趋于稳定，中国在第4期达到最大负响应值为-1.8%，从收敛后的情况来看，中国产出受自身经济政策不确定性冲击的影响大于印度。这说明印度产出受经济政策不确定性冲击反应较快，但总体上小于中国。对比发达国家和发展中国家产出对经济政策不确定性冲击的响应可以发现，发达国家产出更易受自身经济政策不确定性冲击的影响，这表明经济政策不确定性对产出的影响同样和经济发展程度紧密相关，经济越发达，产出受经济政策不确定性冲击的影响越大。

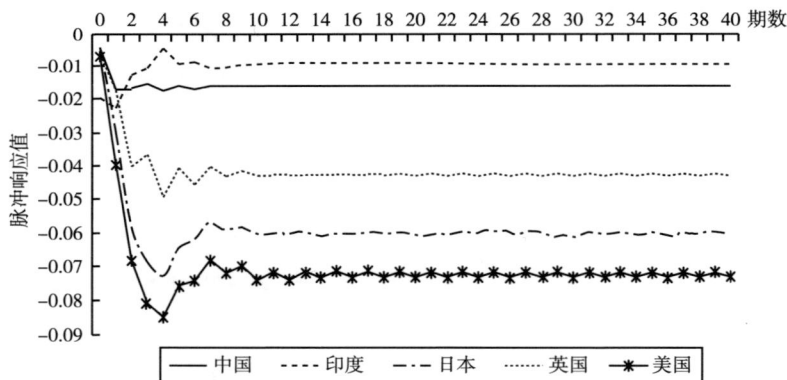

图4-7 中、印、日、英、美五国产出对自身 EPU 冲击的脉冲响应

4.3.2.3 产出对技术进步冲击的脉冲响应分析

图4-8描述了中国、印度、日本、英国和美国经济社会产出对自身技术进步冲击的响应情况。显然，技术进步的正向冲击有利于促进各国产出增长，但从冲击的最终效果上看，依然是对发达国家的作用比对发展中国家的作用大。从单个国家来看，面对技术进步的冲击，印度产出的当期响应值接近于

零，这和经济政策不确定性冲击在影响速度上明显不同。中国产出水平受冲击的当期响应值为 0.3%，并在第 2 期达到最大值 1.8%，随后收敛在 1.3% 附近。可以看到，三个发达国家中日本技术进步对产出的冲击影响最强，其次是美国，最后是英国，这可能和各自国家在经济发展过程中的技术积累程度有关。

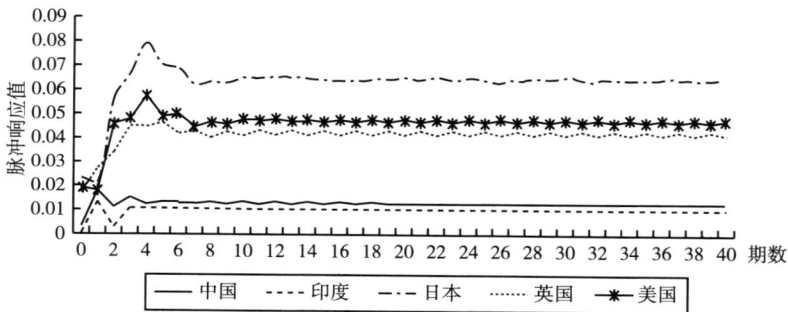

图 4-8　中、印、日、英、美五国产出对自身 TFP 冲击的脉冲响应

综上，根据广义脉冲响应分析结果，本书采用埃尔伯恩（Elbourne，2008）的方法估算各国经济政策不确定性通过技术进步对产出的影响在总影响中所占比例。以日本为例，对于一单位标准差的经济政策不确定性正向冲击，技术进步和产出最多下降 2.0% 和 7.3%，而一单位标准差技术进步（13.67%）对产出最多具有 7.9% 的拉动作用，经济政策不确定性对产出的总影响中技术进步渠道占了 15.8%，同理，可以得到中国、印度、英国和美国经济政策不确定性在影响产出的过程中技术进步渠道分别占 27.6%、13.7%、28.7% 和 32.0%。因此，虽然中国经济政策不确定性对产出和技术进步的影响较发达国家弱，但经济政策不确定性影响产出的过程中技术进步渠道却占据了较大比重。

4.3.2.4　产出对他国经济政策不确定性冲击的脉冲响应分析

美国作为全球最大的经济政策不确定性溢出国，拥有较强的经济政策不确定性对外传导能力，为了研究经济政策不确定性对他国经济产出的影响，本书以美国为例展开相应研究。图 4 – 9 为中国、印度、日本和英国四国产出水平对美国经济政策不确定性冲击的脉冲响应图。

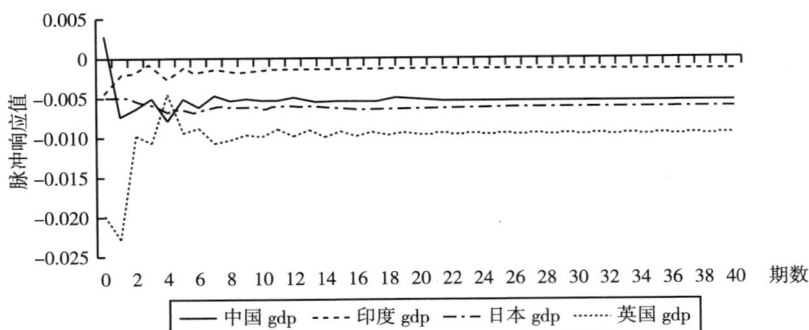

图 4 – 9　中、印、日、英四国产出对美国 EPU 冲击的脉冲响应

图 4 – 9 显示，对美国经济政策不确定性一单位标准差的正向冲击，从各国产出最终趋于收敛时的响应值绝对值大小看，英国 > 日本 > 中国 > 印度。对应于美国经济政策不确定性冲击，各国产出响应值大小的排序和经济政策不确定性的跨国传导排序是一致的。这说明美国经济政策不确定性对他国宏观经济产出的影响和对他国经济政策不确定性传导类似，美国经济政策不确定性对发达国家产出影响较大，对发展中国家产出影响较小。从单个国家的比较上看，面对美国经济政策不确定性，中国产出在当期表现出正向响应（0.28%），然后在第 1 期开始迅速收敛为负响应值，说明美国经济政策不确定性对中国经济产出的影响可能存在一定的时滞效应，但随着时间推移，最终影响表现为负。除了中国产出在当期表现为负之外，印度、日本和英国的社会总产出在当期响应值均为负，这些国家同美国有着较强的政治联系，使得其受美国经济政策不确定性冲击的反应较快，各国内部经济政策不确定性的加剧对产出水平产生抑制作用。此外，由于日本和英国属于发达国家，来自内外部的经济政策不确定性冲击对产出增长的抑制作用更为明显，受到美

国经济政策不确定性冲击的影响理应更大。

4.4 本章小结

在地缘军事政治冲突频发，贸易保护主义、单边主义愈演愈烈的背景下，世界经济中不稳定不确定因素明显上升，经济政策不确定性作为不确定性的特定表现形式会在国家间进行传导，进而影响到各国经济的稳定增长。梳理经济政策不确定性的国际传导特点能够为中国及时有效地应对他国经济政策不确定性冲击提供重要的理论和经验指导。在国际层面比较分析经济政策不确定性对经济增长的影响不仅能够发现经济政策不确定性对不同国家经济增长影响的异同，也能为中国未来经济发展提供经验借鉴。为此，本章先分析了经济政策不确定性的来源及其对经济增长的作用机理，然后采用 GVAR 模型，利用 1997～2017 年全球 19 个国家的数据，建立起各国的 VARX* 模型，着重分析了中国和美国经济政策不确定性对他国经济政策不确定性的影响，同时对比分析了中国、印度、日本、英国和美国五国经济政策不确定性对产出的影响。主要结论如下所述。

（1）美国经济政策不确定性对日本、英国的经济政策不确定性影响较强，对中国和印度的经济政策不确定性影响相对较弱。中国经济政策不确定性对印度、日本、英国和美国的经济政策不确定性也具有正向影响，但影响强度弱于美国。进一步研究发现，发达国家经济政策不确定性更易在发达国家之间传导，且传导强度更大，发展中国家经济政策不确定性更易在发展中国家之间传导，但传导效果较弱。

（2）经济政策不确定性对社会总产出影响的国别差异。发达国家日本、英国和美国由于经济发展程度高、市场化机制较成熟等因素，使得产出受自身经济政策不确定性的冲击影响较大，且大于发展中国家受自身经济政策不确定性冲击的影响。面对美国经济政策不确定性的冲击，英国和日本社会产出受到的影响也大于中国和印度。

（3）经济政策不确定性对技术进步的影响也存在国别差异。中国和印度技术进步受经济政策不确定性冲击影响较小，而日本、英国和美国受经济政策不确定性的冲击影响较大；中国技术进步及产出水平受自身经济政策不确定性冲击的影响虽然低于发达国家，但技术进步在经济政策不确定性影响产出的总路径中所占的比重却同英国和美国较为接近。

第 5 章

中国经济政策不确定性对区域
产出和技术进步的影响研究

相比于全球经济的周期性变化和 2008 年全球金融危机后的缓慢复苏，中国经济创造了连续几十年高速增长的奇迹。然而，近年来中国经济进入由高速向中高速的换挡时期，国内外急剧上升的经济政策不确定性给中国经济增长带来了更加复杂多变的发展环境，经济政策不确定性对宏观经济影响的研究对象由国外延伸到了国内。经济政策不确定性如何影响中国宏观经济运行，会给中国发展带来什么影响开始受到国内外学者的广泛关注。

不难发现，中国作为一个发展中大国，长期以来因地理环境、资源禀赋、政策倾向等因素形成了明显的区域差异，这些差异如对外开放程度、产业结构、技术进步水平等都会对产出增长产生不同的影响。但以往的研究侧重于在国家层面讨论经济政策不确定性对经济增长的影响，并未将研究深入到区域层面。同时，以往的研究主要是基于投资（吴雨濛等，2017；杨永聪和李正辉，2018）、贸易（魏友岳和刘洪铎，2017；刘竹青和佟家栋，2018）和消费（金雪军等，2014）等视角对经济政策不确定性的直接影响展开论证分析，而缺乏讨论经济政策不确定性对产出及增长效率的影响。技术进步作为经济增长的主要源泉和动力来源，体现了一国经济增长的质量和效率，是中国经济能否成功跨越中等收入陷阱，实现中国"两个一百年"奋斗目标的关键所在。现有将经济政策不确定性与技术进步相关联的研究主要集中在经济政策不确定性对研发投资（王亚妮和程新生，2014；孟庆斌和师倩，2017）和创新（阿塔纳索夫等，2015；顾夏铭等，2018）的影响方面。从严格意义上讲，研发投入和创新仅是技术进步的局部体现，因而目前缺乏在技术进步层面的整体性研究。因此，探讨经济政策不确定性如何影响技术进步和中国宏观经济产出能够丰富现有研究。

从实证研究方法上看，关于经济政策不确定性的研究方法主要以时间序列的 VAR 类模型和面板数据模型为主。对于区域异质性明显的发展中大国，各地区虽然存在发展上的差异，但经济要素在区域间的流动，显然要易于国家间的流动，各区域在时间和空间上的互动也必然产生各类溢出效应。上述空间效应的存在使得实证研究变得更加复杂，而原有的两类方法则无法合理考虑到这一点。此外，经济政策不确定性属于各区域面临的统一外部冲击，是全局性时间序列变量，而本书研究所关注的其余变量（如：产出和技术进步），在兼顾区域差异时属于面板数据，上述两类方法一般难以将面板数据和时间序列数据进行有效结合并估计。全局向量自回归模型（GVAR）不仅能够考虑空间溢出和空间传导效应，也能克服上述模型在数据使用上的局限。同时，考虑到经济政策不确定性对技术进步和产出等变量在统计上可能存在非线性影响，本书把 GVAR 模型和非参数计量经济模型进行有效结合，将经济政策不确定性设置为全局非线性项，建立半参数全局向量自回归模型（SGVAR）进行实证研究。

本章先构建了一个内生增长路径下经济政策不确定性影响宏观经济总产出的理论模型，用以描述经济政策不确定性对产出的影响。然后采用 SGVAR 模型刻画包含经济政策不确定性、技术进步和产出等变量的宏观经济系统，在全局视角下运用广义脉冲响应函数模拟分析技术进步和产出在中国三大区域空间的传导效应，并利用非参数偏导数图来揭示经济政策不确定性对技术进步和产出的空间影响。一方面检验经济政策不确定性对宏观经济系统是否存在非线性影响，另一方面考察经济政策不确定性对产出和技术进步影响的区域空间差异，并分析产出和技术进步在区域空间上的互动，为新常态下调整与制定区域经济政策提供来自经济政策不确定性方面的政策建议。

5.1 经济政策不确定性对经济增长影响的一个理论模型

借鉴保罗和赫克（Paul and Hek，1999）的研究，本章基于卢卡斯（1988）人力资本积累的离散时间模型，构建一个在内生增长路径下经济政策不确定性对宏观经济增长影响的理论模型。假定代表性个体在 t 时期拥有人力资本 h_t，将其收入 y_t 在消费 c_t 和投资 x_t 之间进行分配，同时将 s_t 单位时间投入当期生产中，$1 - s_t$ 单位时间用于自身人力资本积累的提升上。相应的生产函数定义如下：

$$y_t = \eta x_t^\beta (s_t h_t)^{1-\beta} \tag{5-1}$$

其中，η 代表生产的技术水平。人力资本积累是个体为提升自身技术水平而投入时间 $1 - s_t$ 的函数，表示如下：

$$h_{t+1} = [1 + \gamma_t (1 - s_t) - \zeta] h_t \tag{5-2}$$

其中，ζ 为固定的人力资本的折旧率，γ_t 代表人力资本的生产能力，即创造知识的能力是内生决定的。假定经济政策不确定性会影响个体进行知识生产的积极性进而影响知识生产的效率（如经济政策不确定性使得经济行为主体难以对未来进行准确预期或产生悲观预期，一部分行为主体可能更加注重当下生活质量的提高而减少对自身能力提升的关注，而另一部分个体可能会为了更好地适应环境变化而加强自身能力提升方面的投资），那么，总体来讲，经济政策不确定性将导致 γ_t 不确定，γ_t 波动性增大。令 $G = [\gamma^0, \gamma^1]$，这里 $0 < \zeta < \gamma^0 < \gamma^1 < \infty$，同时假定，$\gamma_t$ 在受到连续冲击时，$\{\gamma_t\}$ 是独立同分布的，其关于 (G, B) 的概率测度为 u，B 为 Borel 集。

个体追求终身期望效用的最大化，终身效用函数表现为：

$$\sum_{t=0}^{\infty} \delta^t EU(c_t) \tag{5-3}$$

为了便于分析，我们假定效用函数为简单的对数效用形式，即 $U(c) = \ln(c)$。假定物质资本在每一期都能充分折旧，因此，代表性个体通过将收入分配于消费和投资于自身人力资本提升上，同时在两者间进行时间分配，进而最大化终身效用（将当期和未来效用值之和进行最大化）：

$$V(y_t, h_t) = \max_{\substack{0 \le s_t \le 1 \\ 0 \le x_t \le y}} \left(\ln(y_t - x_t) + \delta EV\{\eta x_t^\beta (s_t h_t)^{1-\beta}, [1 + \gamma(1 - s_t) - \zeta]h_t\} \right)$$

$$\tag{5-4}$$

令 $V(y_t, h_t)$ 的最大值在 $x_t = \pi_x(y_t, h_t)$ 和 $s_t = \pi_s(y_t, h_t)$ 处取得，$EV(\cdot)$ 表示效用的期望值。x_t 和 s_t 对应的两个方程分别为最优投资策略方程和最优时间分配策略方程。方程（5-4）对应的两个一阶条件为：

$$\left[y_t - \pi_x(y_t, h_t)\right]^{-1} = \delta \int_G V_1(y_{t+1}, h_{t+1})\beta\eta\left[\pi_x(y_t, h_t)\right]^{\beta-1}\left[\pi_s(y_t, h_t)h_t\right]^{1-\beta}\mu(d\gamma)$$

$$\tag{5-5}$$

$$\delta \int_G V_1(y_{t+1}, h_{t+1})(1 - \beta)\eta\left[\pi_x(y_t, h_t)\right]^{\beta}\left[\pi_s(y_t, h_t)h_t\right]^{-\beta}h_t\mu(d\gamma)$$

$$= \delta \int_G V_2(y_{t+1}, h_{t+1}) \gamma h_t \mu(d\gamma) \qquad (5-6)$$

V_1 和 V_2 分别为效用函数 V 对 x_t 和 s_t 的偏导。同时，我们可以得到两个包络条件 [式（5-7）和式（5-8）中 V_1 和 V_2 分别为效用函数对 y_t 和 h_t 的偏导]：

$$V_1(y_t, h_t) = [y_t - \pi_x(y_t, h_t)]^{-1} \qquad (5-7)$$

$$V_2(y_t, h_t) - \delta \int_G V_2(y_{t+1}, h_{t+1}) \{1 + \gamma[1 - \pi_s(y_t, h_t)] - \zeta\} \mu(d\gamma)$$

$$= \delta \int_G V_1(y_{t+1}, h_{t+1})(1-\beta)\eta [\pi_x(y_t, h_t)]^{\beta} [\pi_s(y_t, h_t) h_t]^{-\beta} \pi_s(y_t, h_t) \mu(d\gamma)$$

$$(5-8)$$

将 $\pi_x(y_t, h_t) = \lambda y_t$ 和 $\pi_s(y_t, h_t) = \bar{s}$ 代入式（5-7）和式（5-8），可以得到 C 为常数时，$V(y, h) = A\ln(y) + B\ln(h) + C$。由以上条件可得 $B = [(1-\beta)\delta]/[(1-\delta)(1-\delta\beta)]$。结合式（5-5）和式（5-7）可以得到 $\lambda = \delta\beta$，由此可以发现在对数效用函数假设下，经济政策不确定的变化不会影响个体投资策略。同时可以发现，π_x 和 π_s 这些取值策略是最优的，因其满足以下横截性条件：

$$\lim_{t\to\infty} E\delta^t U(c_t) x_t = \lim_{t\to\infty} E\delta^t \frac{1}{c_t} \delta\beta y_t = \lim_{t\to\infty} E\delta^t \frac{\delta\beta}{1-\delta\beta} = 0 \qquad (5-9)$$

将 B 的取值代入式（5-6），整理可得：

$$\frac{1}{\delta} = E\left[\frac{1+\gamma-\zeta}{1+\gamma(1-\bar{s})-\zeta}\right] \qquad (5-10)$$

由于 $\delta < 1$，所以 $\bar{s} > 0$。为了分析经济政策不确定性对代表性个体在时间分配上的影响，令 $F(\gamma) = (1+\gamma-\zeta)/[1+\gamma(1-\bar{s})-\zeta]$。当 γ 的波动性增加时，$F(\gamma)$ 的期望值将减小 [给定具有同均值的两个随机变量 X 和 Y，X 相比于 Y 二阶随机占优，Y 的变异程度将高于 X（Rothschild and Stiglitz，1970），此时，如果 f 严格为凹，则 $Ef(X) > Ef(Y)$；反之，如果 f 严格为凸，则 $Ef(X) < Ef(Y)$]，为了保持 $F(\gamma)$ 的期望值不变，$\bar{s}$ 将增大。因此经济政策不

确定性的波动性增大将使得个体将更多的时间放在产品生产上，并减少在个人人力资本积累的时间投入。

为了研究经济政策不确定性对产出增长的影响，定义一个和随机差分方程相一致的马尔科夫过程：

$$z_{t+1} = z_t^{\beta} [1 - \zeta + \gamma_{t-1} (1 - \bar{s})]^{1-\beta} \equiv g(z_t, \gamma_{t-1}) \quad t = 1, 2, \cdots, T$$

$$(5-11)$$

其中，$z_t = y_t / y_{t-1} \in Z$，$Z \subseteq R$。式（5 – 11）描绘了经济增长的平衡路径。这一随时间推移的过程由转换方程 $P(z, \cdot)$ 决定，这里 $P(z, A)$ 表示经济系统从状态 z 移动到 Borel 集 A 中某一状态的概率大小。转换方程 P 由方程 g 和 γ 的概率测度 μ 决定。任一状态 z_t 对应的概率测度为 λ_t，如果能够找到一个不变的概率测度并且使得经济系统在长期增长过程中的概率测度也收敛到该点，我们将可以确定经济在长期增长中的表现。幸运的是在前文的假定条件下，这一不变的概率测度是唯一的，具体证明参见保罗和赫克（Paul and Hek，1999）。假定 λ^* 为不变的概率测度（即在 t 时期状态 z_t 和 $t + 1$ 时期状态 z_{t+1} 的概率测度不变，且由 P 动态决定），可以得到一个关于人力资本增长率的方程：

$$g_h(\gamma, \bar{s}) = 1 + \gamma(1 - \bar{s}) - \zeta \qquad (5-12)$$

考虑 γ 关于 (G, B) 的两种概率测度 P 和 Q，其中 Q 的波动性大于 P，P 和 Q 对应用于最优生产时间为 $\bar{s}_P$、$\bar{s}_Q$，再次利用罗斯柴尔德和斯蒂格里茨（Rothschild and Stiglitz，1970）的研究结论，可以得到 $g_{h,P}(\gamma, \bar{s}_P) > g_{h,Q}(\gamma, \bar{s}_Q)$，即经济政策波动性越大，长期人力资本积累的增长速度越慢。

将 $\pi_x(y_t, h_t) = \delta\beta y_t$ 和 $\pi_s(y_t, h_t) = \bar{s}$ 代入生产函数中，可以获得如下关于产出增长率的方程：

$$\frac{y_{t+1}}{y_t} = \left(\frac{y_t}{y_{t-1}} \right)^{\beta} [1 + \gamma_{t-1} (1 - \bar{s}) - \zeta]^{1-\beta} \qquad (5-13)$$

进而可以得到：

$$\frac{y_{t+1}}{y_t} = \left(\frac{y_1}{y_0}\right)^{\beta^t} \left[1 + \gamma_0(1 - \bar{s}) - \zeta\right]^{(1-\beta)\left[\beta^{t-1}+\beta^{t-2}+\cdots+\beta^0\right]} \qquad (5-14)$$

两边同时取对数并求期望得：

$$E\ln\frac{y_{t+1}}{y_t} = \beta^t\ln\left(\frac{y_1}{y_0}\right) + (1 - \beta)\sum_{k=0}^{t-1}\beta^k E\ln\left[1 + \gamma(1 - \bar{s}) - \zeta\right] \quad (5-15)$$

注意到在 $t = 0$ 时，y_1 是已知的，令 $t \to \infty$，则式（5-15）可以写成：

$$\lim_{t\to\infty}E\left\{\left|\ln\frac{y_{t+1}}{y_t} - \ln\left[1 + \gamma(1 - \bar{s}) - \zeta\right]\right|\right\} = 0 \qquad (5-16)$$

对式（5-13）两边取期望可得：

$$E\frac{y_{t+1}}{y_t} = E\left(\frac{y_t}{y_{t-1}}\right)^{\beta}E\left[1 + \gamma_{t-1}(1 - \bar{s}) - \zeta\right]^{1-\beta} \qquad (5-17)$$

令 $g_{y,t} = y_t/y_{t-1}$，$g_h = 1 + \gamma(1 - \bar{s}) - \zeta$，由于增长率 $g_{y,t} \Rightarrow g_y$，当 $t \to \infty$，利用詹森不等式可得：

$$Eg_y = E(g_y^{\beta})E(g_h^{1-\beta}) < (Eg_y)^{\beta}(Eg_h)^{1-\beta} \qquad (5-18)$$

式（5-18）移项可得：$Eg_y < Eg_h$。这表明，产出增长的对数期望值近似等于人力资本增长率的对数期望值，但产出增长却始终低于人力资本的增长率，这同没有不确定性影响的模型结论是不同的（人力资本增长率等于产出增长率）。

如果对式（5-14）两边同时取期望然后再取对数，那么式（5-14）可变为：

$$\ln Eg_{y,t+1} = \ln Eg_{y,1}^{\beta^t} + \sum_{k=0}^{t-1}\ln E\left[1 + \gamma(1 - \bar{s}) - \zeta\right]^{(1-\beta)\beta^i} \qquad (5-19)$$

当 $t = 0$ 时，$g_{y,1} = \eta(\delta\beta)^{\beta}y_0^{\beta-1}(\bar{s}h_0)^{1-\beta}$，因此，由于经济政策不确定性的增大，导致个体在第一期将更多的时间分配到产出中，使得初期产出增长率增大，然而当 $t \to \infty$ 时，产出增长率的期望对数为：

$$\ln Eg_y = \sum_{i=0}^{\infty}\ln E\left[1 + \gamma(1 - \bar{s}) - \zeta\right]^{(1-\beta)\beta^i} \qquad (5-20)$$

可以看到，由经济政策不确定引起的 γ 变异性增大，会导致未来产出增长率的下降，且从式（5－20）中可以看出这种影响具有非线性特征。如果将这种影响细化到区域层面，不同区域可能因地方对上层政策解读和贯彻实施的不同而引起不同的政策效果，另外，发达地区在人力资本构成方面比落后地区更有优势，人力资本或平均教育程度的不同意味着不同地区经济个体在面临经济政策变动时人力资本的生产能力 γ 也不同，进而造成区域产出增长差异。

综上所述，经济政策不确定性将使得人力资本积累的投资回报变得更加不确定，人们会减少在人力资本提升上的时间投入，并将更多的时间分配到生产中去。尽管初期在生产投入的时间增加，会导致短期内产出增长得到提升，然而，在长期中，这一积极效应会因人力资本积累增长的下降而逐渐消除，并最终导致更低的产出增长。上述影响具有非线性特征，同时还存在区域差异性。

5.2　实证模型设定和计量检验

5.2.1　SGVAR 模型构建

GVAR 模型同大多数 VAR 扩展模型一样属于参数回归模型，其优点是能够从有限的数据中，将参数准确地估计出来。但是，其估计结果的精确性往往依赖于模型回归函数设定的科学性，即回归函数的设定必须符合实际，所构建的模型才具有解释现实经济现象的能力。非参数回归模型的优点在于它避免了参数回归模型需要回归函数被正确设定时才能进行有效应用的致命性缺陷，但不足之处是需要比较大的样本量来估计整个非参数函数，且模型估计的收敛速度比较慢。因此，将非参数模型和 GVAR 模型结合形成半参数全局向量自回归模型（SGVAR），不仅避免了非参数模型的"维数祸根"问题，而且与 GVAR 模型相比，SGVAR 模型具有更强的适应性和建模能力。

实际上，GVAR 模型仅集中关注内生变量系统之间的相互作用，忽略了某些外生变量对经济系统的非线性影响（朱松平等，2019）。放松外生变量对所有内生变量的具体作用方式与程度，将有助于增强所构建模型的完整性和解释性。半参数全局向量自回归模型（SGVAR）兼具 GVAR 和非参数模型的优点，适用于同时分析变量之间的线性和非线性关系。

半参数全局向量自回归模型建立在单个地区的半参数向量自回归模型基础之上。首先，建立第 i 个地区的半参数向量自回归模型 $SVAR^*$：

$$X_{it} = a_i + \beta_i t + \sum_{z=1}^{p_i} \Phi_{iz} X_{i,t-z} + \sum_{m=0}^{q_i} \Lambda_{im} X^*_{i,t-m} + \sum_{n=0}^{r_i} \Psi_{in} d_{i,t-n}$$
$$+ g_i(P_{it}, \cdots, P_{i,t-s_i}) + \varepsilon_{it}$$
$$t = 1,2,\cdots,T; \ i = 0,1,\cdots,N \qquad (5-21)$$

其中，Φ, Λ, Ψ 为所对应的系数向量，X_{it} 为 i 省份省内变量向量，X^* 为第 i 个省份的省外变量向量，$X^* = \sum_{j=0}^{N} w_{ij} X_{jt}$，$w$ 是经纬度的距离权重矩阵或各类经济距离权重矩阵，d_{it} 为全局变量向量，P_{it} 为全局非参变量，p_i，q_i，r_i，s_i 为相应时间滞后期数。$g_i(\cdot)$ 为未知非参数函数，α 为截距项，β 为时间趋势项，ε 为随机误差向量。模型假定：$E\varepsilon_{it} = 0$，$Eg_i(P_{it}, P_{i,t-1}, \cdots, P_{i,t-s_i}) = 0$。记 $Z_{it} = \begin{bmatrix} X_{it} \\ X^*_{it} \end{bmatrix}$，取 $\lambda_i = \max(p_i, q_i)$，式（5-21）可以重写为：

$$A_i Z_{it} = a_i + \beta_i t + \sum_{z=1}^{\lambda_i} B_{iz} Z_{i,t-z} + \sum_{n=0}^{r_i} \Psi_{in} d_{i,t-n} + g_i(P_{it}, P_{i,t-1}, \cdots, P_{i,t-s_i}) + \varepsilon_{it}$$
$$(5-22)$$

其中，$A_i = (I_i, -\Lambda_{i0})$，$B_{ij} = (\Phi_{ij}, \Lambda_{ij})$，$A_{ij}$ 和 B_{ij} 是 $k_i \times 2k_i$ 阶的矩阵，并且 A_i 是满秩矩阵，将所有各地区模型结合在一起，得到一个 $k+1$ 的向量 $X_t =$

$(X'_{0t}, \cdots, X'_{Nt})', k = \sum\limits_{i=0}^{N} k_i$ 为全局模型中所有内生变量个数。于是有：

$$Z_t = W_i X_t; i = 0, 1, \cdots, N \qquad (5-23)$$

这里 W_i 是一个 $(k_i + k_i^*) \times k_i$ 矩阵，可以看作将各省 SVARX* 连接成 SGVAR 的连接矩阵，各个元素即贸易权重构成的系数都是已知的。将式（5-22）和式（5-23）联合在一起得到：

$$A_i W_i X_{i1} = a_i + \beta_i t + \sum_{z=1}^{\lambda_i} B_{iz} W_i X_{t-\lambda_i} + \sum_{n=0}^{r_i} \Psi_{in} d_{i,t-n} + g_i(P_{it}, P_{i,t-1}, \cdots, P_{i,t-s_i}) + \varepsilon_{it}$$

$$(5-24)$$

$GX_t = a + \beta t + \sum\limits_{z=1}^{\lambda} H_z X_{t-z} + \sum\limits_{n=0}^{r} \Psi_n d_{t-n} + g(P_{it}, P_{i,t-1}, \cdots, P_{i,t-s_i}) + \varepsilon_t$ 和

$GX_t = a + \beta t + \sum\limits_{z=1}^{\lambda} H_z X_{t-z} + \sum\limits_{n=0}^{r} \Psi_n d_{t-n} + g(P_{it}, P_{i,t-1}, \cdots, P_{i,t-s_i}) + \varepsilon_t$ 是 $GX_t =$

$a + \beta t + \sum\limits_{z=1}^{\lambda} H_z X_{t-z} + \sum\limits_{n=0}^{r} \Psi_n d_{t-n} + g(P_{it}, P_{i,t-1}, \cdots, P_{i,t-s_i}) + \varepsilon_t$ 的矩阵。取 $GX_t =$

$a + \beta t + \sum\limits_{z=1}^{\lambda} H_z X_{t-z} + \sum\limits_{n=0}^{r} \Psi_n d_{t-n} + g(P_{it}, P_{i,t-1}, \cdots, P_{i,t-s_i}) + \varepsilon_t$, $GX_t = a + \beta t +$

$\sum\limits_{z=1}^{\lambda} H_z X_{t-z} + \sum\limits_{n=0}^{r} \Psi_n d_{t-n} + g(P_{it}, P_{i,t-1}, \cdots, P_{i,t-s_i}) + \varepsilon_t s = \max(s_0, \cdots, s_N)$。将方程写成上下叠加的形式，得到半参数全局向量自回归模型 SGVAR：

$$GX_t = a + \beta t + \sum_{z=1}^{\lambda} H_z X_{t-z} + \sum_{n=0}^{r} \Psi_n d_{t-n} + g(P_{it}, P_{i,t-1}, \cdots, P_{i,t-s_i}) + \varepsilon_t$$

$$(5-25)$$

其中，$a = \begin{bmatrix} a_0 \\ a_1 \\ \vdots \\ a_N \end{bmatrix}$, $\beta = \begin{bmatrix} \beta_0 \\ \beta_1 \\ \vdots \\ \beta_N \end{bmatrix}$, $\varepsilon_t = \begin{bmatrix} \varepsilon_0 \\ \varepsilon_1 \\ \vdots \\ \varepsilon_N \end{bmatrix}$ $G = \begin{bmatrix} A_0 W_0 \\ A_1 W_1 \\ \vdots \\ A_N W_N \end{bmatrix}$, $H_j = \begin{bmatrix} B_{0j} W_0 \\ B_{1j} W_1 \\ \vdots \\ B_{Nj} W_N \end{bmatrix}$

G 为 $k \times k$ 满秩矩阵，将式（5-25）变形为：

$$X_t = G^{-1}a + G^{-1}\beta t + G^{-1}\sum_{z=1}^{\lambda} H_z X_{t-z} + G^{-1}\sum_{n=0}^{r} \Psi_n d_{t-n}$$
$$+ G^{-1}g(P_{it}, P_{i,t-1}, \cdots, P_{i,t-s_i}) + G^{-1}\varepsilon_t \qquad (5-26)$$

至此，式（5-26）为最终构建的 SGVAR 模型。

5.2.2　SGVAR 模型估计

SGVAR 模型估计分两步，第一步是估计单个地区 SVARX* 模型的未知参数和非参数函数，第二步是在第一步估计的基础上再由贸易权重和资本流量等计算出 SGVAR 中系数矩阵 G 和 H，无须对 SGVAR 重新进行估计。

第 i 个地区的 SVARX* 模型参数估计采用的方法和步骤如下：

第 j 个内生变量的方程为：

$$X_{ijt} = a_{ij} + \beta_{ij}t + \sum_{z=1}^{p_i} \Phi_{ijz}X_{i,t-z} + \sum_{m=0}^{q_i} \Lambda_{ijm}X_{i,t-m}^* + \sum_{n=0}^{r_i} \Psi_{ijn}d_{i,t-n}$$
$$+ g_{ij}(P_{it}, P_{i,t-1}, \cdots, P_{i,t-s_i}) + \varepsilon_{ijt}$$
$$j = 1, 2, \cdots, k_i \qquad (5-27)$$

先假定参数 $\alpha_{ij}, \beta_{ij}, \Phi_{ij1}, \cdots, \Phi_{ijz_i}, \Lambda_{ij1}, \cdots \Lambda_{ijp_i}, \Psi_{ij1}, \cdots, \Psi_{ijr_i}$ 已知，将式（5-27）移项得：

$$X_{ijt} - a_{ij} - \beta_{ij}t - \sum_{z=1}^{p_i} \Phi_{ijz}X_{i,t-z} - \sum_{m=0}^{q_i} \Lambda_{ijm}X_{i,t-m}^* - \sum_{n=0}^{r_i} \Psi_{ijn}d_{i,t-n}$$
$$= g_{ij}(P_{it}, P_{i,t-1}, \cdots, P_{i,t-s_i}) + \varepsilon_{ijt} \qquad (5-28)$$

用局部线性估计法得到 $g_{ij}(\cdot)$ 的初步值 $\hat{g}_{ij}(\cdot; \alpha_{ij}, \beta_{ij}, \Phi_{ij1}, \cdots, \Phi_{ijz_i}, \Lambda_{ij1}, \cdots, \Lambda_{ijp_i}, \Psi_{ij1}, \cdots, \Psi_{ijr_i})$，并将之代入式（5-27），得到如下参数模型：

$$X_{ijt} = a_{ij} + \beta_{ij}t + \sum_{z=1}^{p_i} \Phi_{ijz}X_{i,t-z} + \sum_{m=0}^{q_i} \Lambda_{ijm}X_{i,t-m}^* + \sum_{n=0}^{r_i} \Psi_{ijn}d_{i,t-n}$$
$$+ \hat{g}_{ij}(\cdot; \alpha_{ij}, \beta_{ij}, \Phi_{ij1}, \cdots, \Phi_{ijz_i}, \Lambda_{ij1}, \cdots \Lambda_{ijp_i}, \Psi_{ij1}, \cdots, \Psi_{ijr_i}) + v_{ijt}$$
$$(5-29)$$

利用广义矩估计方法得到参数的估计 $\hat{\alpha}_{ij}, \hat{\beta}_{ij}, \hat{\Phi}_{ij1}, \cdots, \hat{\Phi}_{ijz_i}, \hat{\Lambda}_{ij1}, \cdots \hat{\Lambda}_{ijp_i},$
$\hat{\Psi}_{ij1}, \cdots, \hat{\Psi}_{ijr_i}$，接着可以得到 $g_{ij}(\cdot)$ 的最终估计:

$$\hat{g}_{ij}(\cdot) = \hat{g}_{ij}(\cdot; \hat{\alpha}_{ij}, \hat{\beta}_{ij}, \hat{\Phi}_{ij1}, \cdots, \hat{\Phi}_{ijz_i}, \hat{\Lambda}_{ij1}, \cdots \hat{\Lambda}_{ijp_i}, \hat{\Psi}_{ij1}, \cdots, \hat{\Psi}_{ijr_i}) \quad (5-30)$$

以及模型（5-27）的随机误差项的估计:

$$\hat{\varepsilon}_{ijt} = X_{ijt} - \hat{a}_{ij} - \hat{\beta}_{ij}t - \sum_{z=1}^{p_i} \hat{\Phi}_{ijz}X_{i,t-z} - \sum_{m=0}^{q_i} \hat{\Lambda}_{ijm}X_{i,t-m}^* - \sum_{n=0}^{r_i} \hat{\Psi}_{ijn}d_{i,t-n}$$
$$- \hat{g}_{ij}(P_{it}, P_{i,t-1}, \cdots, P_{i,t-s_i}) \quad (5-31)$$

最后，获得 $\sum_i$ 中对角第 j 行第 k 列元素 σ_{ijk} 的估计:

$$\hat{\sigma}_{ij}^2 = \frac{1}{T-1}\sum_{t=1}^{T} \hat{\varepsilon}_{ijt}^2, \hat{\sigma}_{ijk}^2 = \frac{1}{T-1}\sum_{t=1}^{T} \hat{\varepsilon}_{ijt}\hat{\varepsilon}_{ikt} \quad (5-32)$$

传统脉冲响应函数依赖于内生变量的排列顺序，因此，为了避免地区排序以及地区内生变量排序的主观性，本书采用库普等（1996）提出的广义脉冲响应函数方法来进行最终的脉冲响应分析。模型中非线性项对其余变量的影响，则主要依据叶阿忠（2008）的半参数计量经济理论，用偏导数图来进行分析。

5.2.3 变量说明

实证模型主要包含技术进步（TFP）、产出（GDP）和经济政策不确定性（EPU）三个变量，同时为了减少研究中可能遗漏的经济政策不确定性对经济增长影响的其他途径，把现有研究中考虑到的投资（INV）、出口（EX）也纳入模型。权重矩阵 w 基于经纬度距离计算得到（贸易权重矩阵更能体现省域间的经济贸易往来，但相关数据难以获得，具体的权重矩阵计算方法详见GVAR Toolbox 2.1）；非线性项全局变量为经济政策不确定性。

本章数据除经济政策不确定性指数外，其余变量均是时间跨度为2003年第一季度到2017年第四季度29个省份数据。数据来源说明如下：（1）技术进步用 DEA – Malquist 指数法计算得到的全要素生产率（TFP）指数来表示，投入变量为劳动和资本存量，产出为实际 GDP。资本存量：先根据单豪杰（2008）的研究得到各省份 2002 年资本存量数据（并将基期转化为 2003 年），然后利用全国固定资产投资价格指数以及季度固定资产投资完成额以 2.63% 的季度折旧率估算出各省份季度资本存量。其中全国固定资产投资价格指数以及固定资产投资完成额数据均可根据固定资产投资价格同比指数和各省份季度固定资产投资完成额进行换算得到，单位为亿元，数据来源于 Wind 数据库。劳动：用中国三大产业期末从业人数之和来表示，由于中国没有统计公布季度劳动数据，实际上三大产业从业人员在年内的就业变化和年内跨省流动人口整体相对较小，同一年度四个季度的劳动人员数量变化并不大，故使用二次匹配平均法将年度劳动人数转为季度劳动人数，单位为万人，数据来源于《中国统计年鉴》和各省份统计年鉴。为了保证投入产出数据的一致性，季度 GDP 使用以 2003 年为基期的实际值来表示，单位为亿元，用到的 GDP 数据和 GDP 平减指数均来自 WIND 数据库。由于西藏地区数据缺失较多将其剔除，另外，重庆 1997 年才成立直辖市，相关的资本存量数据在此之前均被并入了四川省，所以本书也将所有重庆市的数据并入四川省。（2）投资用各省域季度固定资产投资完成额折算成以 2003 年为基期的实际值表示，单位为亿元，数据来自《中国统计年鉴》。（3）出口额同样折算成以 2003 年为基期的各省域实际值，单位为亿元，数据来自 WIND 数据库和《中国统计年鉴》。（4）经济政策不确定性用贝克等（2016）计算的月度 EPU 指数加权得到，将季度内三个月的 EPU 指数加总除以 3 作为当季经济政策不确定性指数数据。

5.2.4 计量经济学检验

根据模型设定要求，对模型变量进行单位根检验、协整检验和弱外生性检验。相关检验结果如表5－1和表5－2所示。

表5－1   29个省份滞后阶数及协整数量

省份	滞后阶数		协整数量	省份	滞后阶数		协整数量
	p_i	q_i			p_i	q_i	
安徽	2	1	1	吉林	1	1	2
北京	1	1	1	辽宁	1	1	1
福建	1	1	2	宁夏	1	1	1
甘肃	1	1	1	内蒙古	1	1	1
广东	2	1	1	青海	1	1	1
广西	2	1	1	山东	1	1	1
贵州	1	1	1	上海	1	1	1
海南	1	1	1	陕西	2	1	1
河北	2	1	1	山西	1	1	1
黑龙江	1	1	1	四川	1	1	1
河南	2	1	1	天津	1	1	2
湖北	2	1	1	新疆	1	1	1
湖南	1	1	1	云南	1	1	1
江苏	1	1	1	浙江	2	1	1
江西	2	1	1				

表5－2   各省份国外变量和全局变量弱外生性检验结果

省份	F test	Fcrit_0.05	tfps	invs	gdps	exs	epu
安徽	F (1, 36)	4.1132	0.0056	0.0054	0.3292	0.1112	0.7726
北京	F (1, 36)	4.1132	0.7781	**4.9674**	3.2868	0.1325	—
福建	F (1, 36)	4.1132	0.0934	2.5203	**4.5342**	2.7686	0.0119
甘肃	F (1, 36)	4.1132	1.2194	0.0181	0.0861	0.1279	0.5893
广东	F (1, 40)	4.0847	0.0745	0.1147	0.0001	1.4679	0.4283
广西	F (1, 36)	4.1132	0.1137	1.4249	0.4442	0.0052	0.1879
贵州	F (1, 36)	4.1132	0.0442	0.2149	**6.9247**	0.1110	0.0484

续表

省份	F test	Fcrit_0.05	tfps	invs	gdps	exs	epu
海南	F (1, 40)	4.0847	0.2886	2.5461	0.6020	2.1397	0.4074
河北	F (1, 40)	4.0847	1.7299	1.5823	2.6370	0.0061	0.4539
黑龙江	F (1, 36)	4.1132	0.3293	0.3435	0.4613	1.0296	0.7121
河南	F (1, 36)	4.1132	0.1535	0.4635	0.2266	1.2199	0.7706
湖北	F (1, 36)	4.1132	0.1482	0.0552	2.7577	0.1261	0.3112
湖南	F (1, 41)	4.0785	0.0001	0.1253	**4.8564**	0.3647	0.4792
江苏	F (1, 36)	4.1132	0.0006	2.7754	**5.4768**	1.2986	0.5974
江西	F (1, 36)	4.1132	0.0418	0.4165	0.0261	0.2141	0.1025
吉林	F (1, 36)	4.1132	0.2206	0.2326	0.1775	0.0090	0.4791
辽宁	F (1, 36)	4.1132	1.0500	0.4720	0.4915	0.3172	0.0099
宁夏	F (1, 41)	4.0785	2.7120	**6.8023**	1.7912	2.1510	0.7777
内蒙古	F (1, 40)	4.0847	0.0006	1.3557	0.1965	0.0852	0.6804
青海	F (1, 40)	4.0847	0.1285	**6.1110**	3.3433	0.0872	0.0426
山东	F (1, 36)	4.1132	0.0098	0.0014	0.1648	1.2153	1.4299
上海	F (1, 36)	4.1132	0.2031	0.1344	2.2979	0.2945	0.0108
陕西	F (1, 40)	4.0847	0.3738	0.0616	0.4194	0.0400	0.5344
山西	F (1, 36)	4.1132	0.0026	2.3239	0.0038	1.6334	0.2935
四川	F (1, 40)	4.0847	0.2166	0.4644	0.0004	0.0692	0.0197
天津	F (1, 36)	4.1132	0.0000	0.0602	0.4373	0.1558	0.3046
新疆	F (1, 36)	4.1132	1.5655	0.9003	0.0007	1.5850	2.5318
云南	F (1, 36)	4.1132	1.1255	0.2045	0.0396	0.0642	0.0186
浙江	F (1, 36)	4.1132	0.1983	3.0750	0.5890	1.0670	2.7474

注：本书弱外生性检验参照皮尔森等（Pesaran et al.，2004），检验过程中滞后阶数根据 AIC 准则进行选取，Fcrit_0.05 表示 F 统计量在 0.05 显著性水平上的临界值，*tfps*、*invs*、*gdps*、*exs* 为各地区 *TFP*、*INV*、*GDP* 对应的省外变量；SGVAR 同 GVAR 一样，也需要将全局变量设置成某个地区的内生变量，文中将全局变量 *EPU* 设置为北京地区的内生变量；表中加粗部分数据表示该变量在对应地区未通过弱外生性检验。

首先根据 AIC 与 SIC 准则确定省内变量和省外变量的最优滞后阶数，其次对所有变量进行 ADF – WS 单位根检验和协整检验。检验发现在 5% 的显著性水平上，除大部分省份 TFP 数据为单位根 $I(0)$ 外，其余变量 GDP、INV、EX 在大部分省份均为单位根 $I(1)$ 过程，全局变量 EPU 数据也是单位根 $I(1)$ 过程。通过对各个 $SVAR^*$ 模型进行迹检验和最大特征值检验，得出每个 $SVAR^*$ 模型中协整关系的数量至少为1，满足 SGVAR 模型要求各地区模型均存在协整关系的基本要求。各地区模型最优滞后阶数（p_i 为省内变量滞后阶数，q_i 为省外变量滞后阶数）及协整数量如表 5 - 1 所示（各省省内变量和省外变量单位根检验在文中占用篇幅过大，未具体列出。）

在进行具体参数估计前，SGVAR 模型要求省外变量和全局变量具有弱外生性。对模型中的省外变量和全局变量进行弱外生性检验，结果显示只有北京、宁夏和青海的省外变量投资（$invs$）和福建、贵州、湖南和江苏的省外变量国内生产总值（$gdps$）未能在5%的显著性水平上通过弱外生性 F 检验，故为满足模型设定的基本要求，将未能通过检验的这部分省外变量从 $SVARX^*$ 中删除。检验结果如表 5 -2 所示。

5.3　实证结果及分析

5.3.1　经济政策不确定性对技术进步的非线性影响

按照传统的区域划分标准，本书将29个省份划分为东部、中部、西部三大区域（东部地区：北京、天津、河北、辽宁、上海、江苏、浙江、福建、山东、广东、海南；中部地区：山西、吉林、黑龙江、安徽、江西、河南、湖北、湖南；西部地区：内蒙古、广西、四川、贵州、云南、陕西、甘肃、宁夏、青海、新疆），分析经济政策不确定性对中国不同区域技术进步的影响。利用局部线性法得出技术进步对经济政策不确定性的偏导数图，用以分析经济政策不确定性对技术进步是否存在非线性影响以及这种影响是否存在区域上的差异。结果如图 5 - 1 ~ 图 5 - 3 所示，图中横轴为经济政策不确定性指数，纵轴为技术进步对经济政策不确定性偏导数值 $\dfrac{\partial(TFP_{it})}{\partial(EPU_t)}$ 的大小。为了更清晰地看出偏导数走势，本书在图中添加了多项式趋势线。

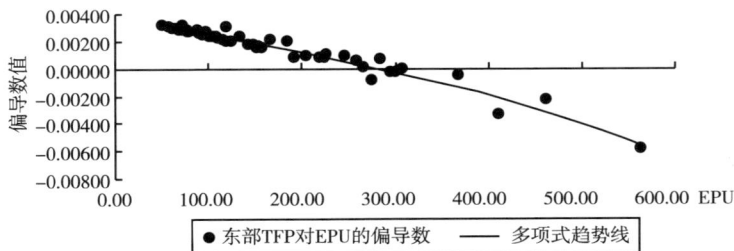

图 5 - 1　东部地区技术进步对经济政策不确定性的偏导数

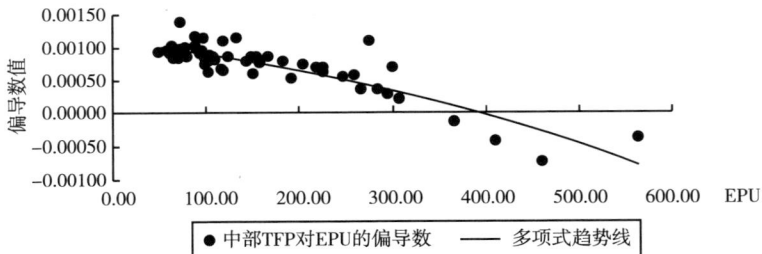

图 5 - 2　中部地区技术进步对经济政策不确定性的偏导数

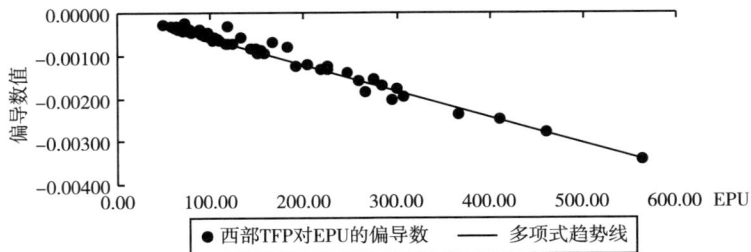

图 5 - 3　西部地区技术进步对经济政策不确定性的偏导数

从总体上看，东部、中部、西部地区经济政策不确定性对技术进步存在相似的非线性影响，偏导数值随着经济政策不确定性指数的增大而减小，说明处于不同经济政策不确定性环境下的经济政策波动对技术进步的影响不同。从偏导数值的大小上看，东部地区经济政策不确定性对技术进步的影响比中部、西部大。

具体到区域层面，东部地区大致以经济政策不确定性指数 300 为界，低于 300 时偏导数值为正，经济政策不确定性对技术进步具有促进作用，但这种正向促进作用随经济政策不确定性指数的增大而逐渐减小，在 EPU 指数达到 300 时趋近于 0。说明在经济较发达的东部地区，低程度经济政策不确定性能够带来技术进步。然而，根据实物期权理论，经济政策不确定性的存在给了经济参与者推迟研发和创新投资的期权价值（欧阳志刚等，2019），企业研发成果转换和效率提升等活动也有可能受到抑制。这似乎与上述实证结论不符，但可以注意到，本书所采用的经济政策不确定性指数是根据新闻媒体中出现的"经济""政策"和"不确定"等词汇频次构建的。较低水平的经济政策不确定性一方面意味着政府对市场经济没有过度干预，市场的有效性能够得到发挥，可以为提升技术进步提供良好的制度保障；另一方面能够给企业或个人提供当下经济运行的态势和未来市场走向等有价值的信息，经济参与者可以依据这些信息作出合理的判断决策，更加明了有效的市场环境能够促进技术进步，因此，较低的经济政策不确定性能够促进技术进步，但随着 EPU 的升高，这种促进作用在减弱。东部地区经济政策不确定性指数超过 300 时，EPU 对技术进步存在阻碍作用，说明此时的经济政策不确定性环境显著提高了企业判断经济形势的难度，各类创新主体的活力受到抑制，实物期权给企业进行创新和技术革新等投资决策带来了风险。

经济政策不确定性对中部地区技术进步的影响同东部地区类似，但在技术进步的促进和抑制效应的分界线上有所不同，中部地区的分界点介于 300 ~ 400，且偏导数值较东部地区小。这表明中部地区技术进步对经济政策不确定性较东部地区不敏感，这同中部地区经济发展水平和市场化程度不无关系。较低的市场化程度和经济发展水平意味着区域之间的经济互动较弱，经济政策不确定性的传导能力也较低，因此，相较于东部地区，中部地区技术进步对经济政策不确定性的偏导数的零点值会向右偏移。相比之下，西部地区技术进步对经济政策不确定性指数的偏导数值均为负，说明西部地区经济政策不确定性对技术进步存在负向影响，且经济政策不确定性程度越大对技术进步的影响越大。这也表明西部地区技术进步可能存在政策依赖，经济政策变化不利于技术进步。

5.3.2　经济政策不确定性对产出的非线性影响

图 5 - 4 ~ 图 5 - 6 为东部、中部、西部三大区域产出对经济政策不确定性的偏导数。整体来看，三大区域经济政策不确定性对各自产出具有相似的非线性影响，仅在影响幅度上存在差异。东部、中部、西部地区经济政策性指数低于 300 时，地区产出对经济政策不确定性指数的偏导数值总体上趋于 0，说明当经济政策不确定性指数介于 0 ~ 300 时，经济政策不确定性对产出不存在明显的抑制作用。这也表明在低经济政策不确定性环境下，经济政策不确定性对产出影响的总效应并不明显。该结论与当前绝大多数研究认为经济政策不确定性对产出存在抑制作用相矛盾，这很可能是由于现有研究未考

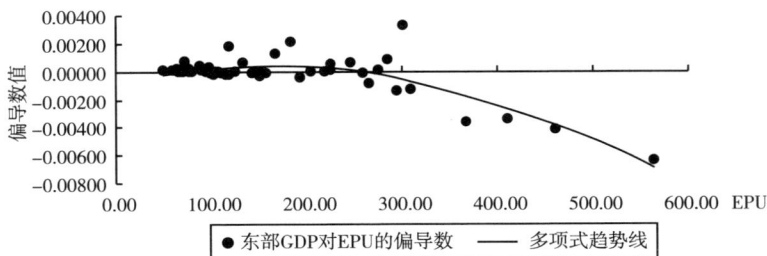

图 5 - 4　东部地区产出对经济政策不确定性的偏导数

虑到经济政策不确定性对技术进步的影响而产生的。在低经济政策不确定性的环境下，经济政策不确定性对东部和中部地区技术进步有促进作用，技术进步对产出的正向贡献可以抵消投资和贸易等途径对产出的负向影响。而西部地区技术进步的政策依赖阻碍了产出增长，进而使得西部地区产出受经济政策不确定性影响更为敏感，相应区间的散点图更加分散且存在下偏趋势。

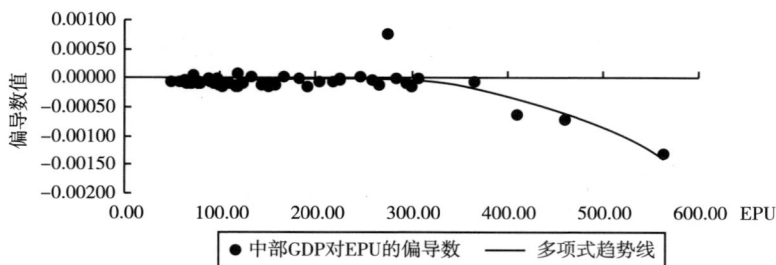

图 5-5　中部地区产出对经济政策不确定性的偏导数

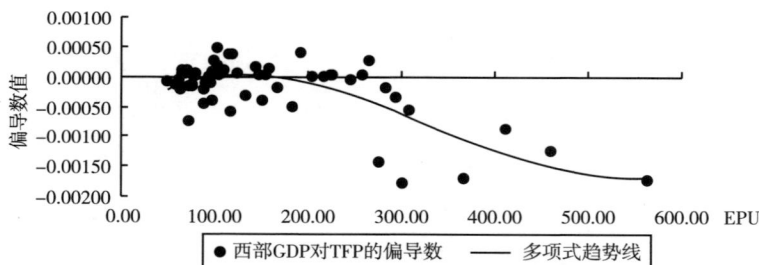

图 5-6　西部地区产出对经济政策不确定性的偏导数

当经济政策不确定性指数大于 300 时，偏导数值小于 0，三大区域经济政策不确定性对产出开始呈现负向影响，这与金雪军等（2014）、张玉鹏和王茜（2016）基于中国样本数据得出的结论类似。但本书还发现经济政策不确定性越大，其对产出的负向偏效应越大，即经济政策变动对宏观经济产出的影响不仅受经济政策变动幅度的影响，还同政策变动之前宏观经济所处经济政策不确定性程度相关。受国内外政策因素的共同影响，中国经济进入新常态后经济政策不确定性指数长期处于高位，政策波动引起的经济政策不确定性对中国经济产出水平已表现出明显的抑制作用。类似地，郑忠华和李清彬（2020）研究发现，以金融危机为界，2008 年之前的经济政策不确定性对产出增长具有正向刺激作用，之后经济政策不确定性对产出则有明显的抑制作用。

在区域影响大小上，东部地区产出对经济政策不确性偏导数值最大，中部和西部次之。在长期发展过程中，东部地区因区位优势和政策导向，发展速度明显快于中部和西部地区，并以东部地区作为示范，将经济发展的成功经验向中西部逐渐推广。在这一过程中，东部地区产出更易受经济政策波动的冲击，市场化程度也更有利于经济政策不确定性的传导，使得东部地区产出在高经济政策不确定性环境下更易受到负向冲击。

5.3.3 技术进步和产出的互动及其区域传导效应

根据模型设定，本章采用广义脉冲响应函数（GIRF）分析经济政策不确定性环境下技术进步和产出之间的互动关系及两者在区域空间上的传导效应。

图 5-7 为东部、中部、西部三大区域产出对自身技术进步冲击的脉冲响应图。横轴为响应期数，纵轴为冲击的响应值。三大区域经济政策不确定性对产出的中长期效应均为正，给定各地区技术进步一单位标准差正向冲击，对应区域产出的响应值大小由东部地区往西部地区依次递减。东部大部分省份位于沿海区域，经济开放时间较早，工业经济较为发达，对技术进步较为重视，东部省份技术进步保持在较高水平，技术进步对产出增长的促进作用可能存在瓶颈效应，使得技术进步的正向冲击对产出的影响效果较中部和西部弱。中部地区经济发展和技术进步水平介于东部和西部之间，在全国范围内来说，技术进步具有较大的上升空间，同时，长期的发展使其具备了一定的物质产业基础，对新技术和新产品的生产具有较强的吸收转化能力，进而

使得技术进步对产出增长的作用空间较大，影响也较大。而西部地区经济发展和技术进步的空间最大，改革开放多年的发展和西部大开发等战略的实施也使得西部地区对技术的吸收能力逐步释放，技术吸收能力的释放已然成了西部地区经济增长的加速因子，技术进步的提升能够带来更高水平的产出。

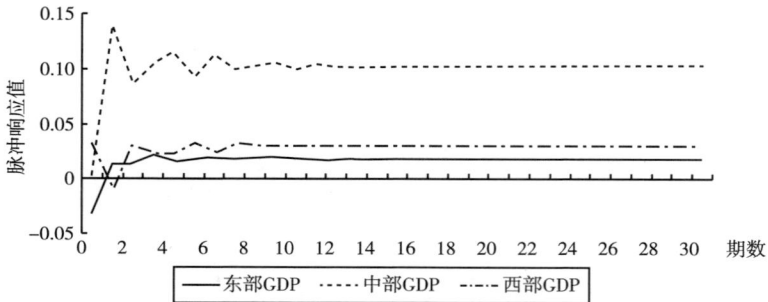

图5-7　东部、中部、西部地区产出对自身技术进步冲击的脉冲响应

为了进一步检验中部和西部地区产出对技术进步冲击响应存在差异的原因，图5-8给出了中部和西部地区技术进步对东部地区技术进步一单位标准差正向冲击的脉冲响应图。从图5-8中可以看到，对应于东部地区技术进步的正向冲击，西部地区无论是在当期还是在收敛的末期，其响应值均比中部地区大，这从侧面说明在对技术进步具有一定吸纳能力的基础上，对于共同的正向外部冲击，西部地区较大的技术进步空间能够给自身带来更加明显的技术进步效应。

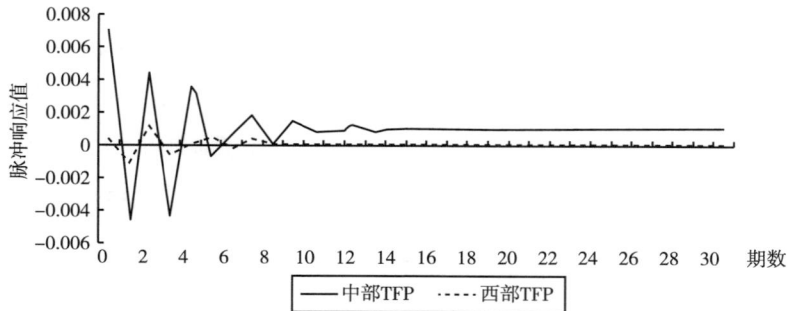

图5-8　中部、西部技术进步对东部地区技术进步冲击的脉冲响应

技术进步的区域空间传导效应方面。结合图 5 - 8 ~ 图 5 - 10 两两区域技术进步对其他区域技术进步冲击的响应情况来看，三大区域任一区域正向技术进步冲击均能够对其他两个区域技术进步产生正向响应，这表明，在区域层面，中国技术进步具有明显的空间溢出效应。从图 5 - 8 和图 5 - 9 可以看出，西部地区技术进步受中部地区的冲击响应较大，这可能和它们之间的空间距离有关，中部和西部地理位置相邻，技术的引进吸收成本较低，此外，邻近地区的发展具有辐射和示范效应。这一点同样可以在东部地区得到验证，东部地区技术进步受中部地区冲击后的响应值收敛为 0.003，受西部地区冲击的响应值收敛为 0.002，中部地区对东部地区的影响较西部大，中部地区发展程度低于东部地区，中部地区的技术进步对东部地区具有反向刺激作用。也正是由于这种空间溢出效应和反向刺激作用叠加在一起，使得中部地区技术进步对东部和西部技术进步冲击的响应在数值效果上较为接近，这一点可以从图 5 - 8 和图 5 - 10 中得到验证。

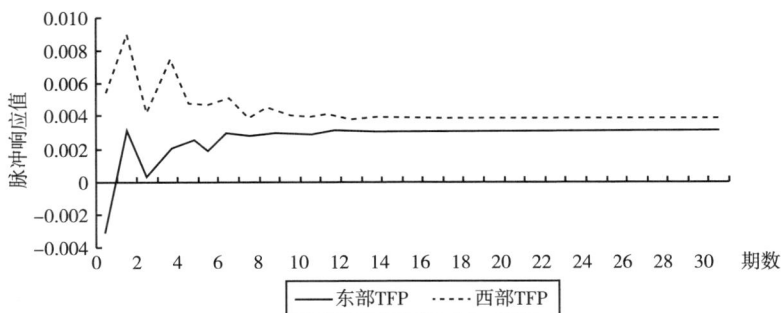

图 5 - 9　东部、西部技术进步对中部地区技术进步冲击的脉冲响应

区域产出对技术进步的反向作用方面。图 5 - 11 显示了东部、中部、西部技术进步对自身产出一单位标准差正向冲击的脉冲响应情况。从图 5 - 11 中可以看到，东部地区技术进步对自身一单位标准差正向冲击在首期为 0.015，之后上下震荡收敛到第 12 期的 0.019，在三大区域中脉冲响应值最大。这说明东部地区经济发展对技术进步的逆向反馈作用最为明显，根据内

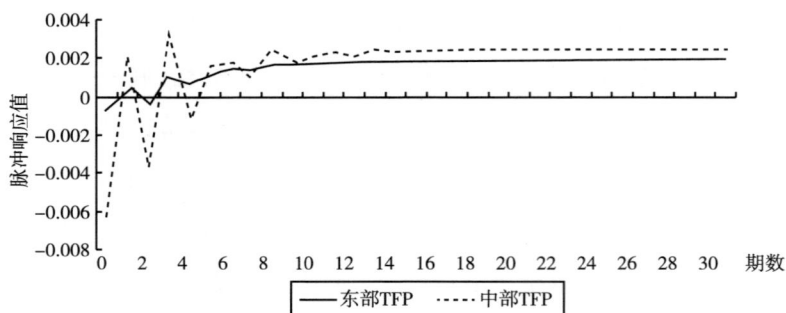

图 5 – 10   东部、中部技术进步对西部地区技术进步冲击的脉冲响应

生增长理论，合理地把经济产出中的一部分运用于企业的知识生产和技术研发中，能够更好地促进技术进步和维持产出的长期增长。随着经济社会的发展，中国经济越来越需要依靠创新来驱动，东部地区具有更加雄厚的资金和技术基础，能够为中部、西部地区起到良好的带头作用。西部地区面对产出增长的正向冲击，技术进步的收敛速度最快，说明产出增长对技术进步的作用效果较快。相比较而言，产出增长对技术进步的反向促进作用呈现出由东部往西部阶梯递减的形式，这也正说明，中西部地区技术进步的空间虽然较大，但依靠产出增长反向带动技术进步的努力却显得有所不足，中西部地区在未来不仅需要引进、消化吸收外来技术，而且也需要逐渐重视自身研发的积累，通过自主创新来提升自身技术竞争力，促进技术进步。

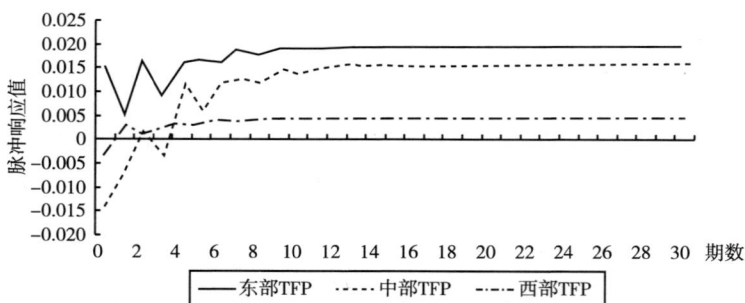

图 5 – 11   东部、中部、西部技术进步对自身产出冲击的脉冲响应

5.3.4 经济政策不确定性对产出影响的其他渠道检验

前面分析了经济政策不确定性对技术进步和产出的影响及产出和技术进步在区域层面的相互影响,从中揭示了经济政策不确定性对产出和技术进步的非线性影响。出于稳健的目的,本书对现有研究中关于经济政策不确定性对经济增长影响的其他路径渠道也进行了简要分析。将本书研究与现有研究相结合,后面在区域层面对这些渠道进行简化再检验。

5.3.4.1 经济政策不确定性对投资的影响分析

图 5 - 12 ~ 图 5 - 14 分别显示了东部、中部和西部地区投资对经济政策不确定性的偏导数。从总体上看,随着经济政策不确定性指数的增加,经济政策不确定性对投资会产生抑制作用,这与现有研究结论(朱利欧和尤卡,2012;王等,2014;李凤羽和杨墨竹,2015;饶品贵等,2017)基本一致。所不同的是,本书发现经济政策不确定性对投资也存在非线性影响,这种影响还存在区域差异。东部地区投资对经济政策不确定性的偏导数值基本为负,随着 EPU 的增大呈现线性下降趋势,说明经济政策不确定性对投资有负向影响,且负向影响偏效应随经济政策不确定性的增大而不断放大。刘镜秀和门明(2015)研究发现,经济政策不确定性对投资具有门限效应,高经济政策不确定性对投资的抑制作用更为明显,而出现这种情况很可能是由高经济政策不确定性下的融资溢价所引起的。经济政策不确定性越高,被投资者更难寻找到合适的投资人,投资项目的评估变得更加复杂,未来投资收益变得更加模糊,谈判交易成本的增大使得投资受到抑制。宋全云等(2019)研究表明,经济政策不确定性升高会使得小微企业和私营企业等银行贷款成本显著提高。中部和西部地区在面临低经济政策不确定性时,投资受到的影响极小,甚至出现促进作用,而面临高经济政策不确定性时仍然会受到明显的抑制作用。另外,从偏

导值的数值大小上看，东部地区也明显大于中西部地区。中西部和东部地区在结果上出现的偏差有可能是市场开放程度导致的，开放的市场有利于市场机制的发挥，使得信息传递速度更快，中西部地区市场发展程度较东部地区低，不完善的信息传导机制有可能减弱经济政策不确定性对投资的影响。

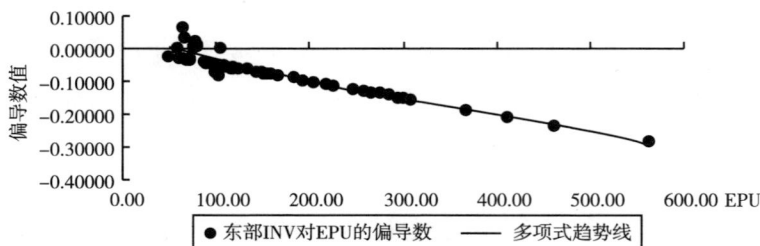

图 5 – 12　东部地区投资对经济政策不确定性的偏导数

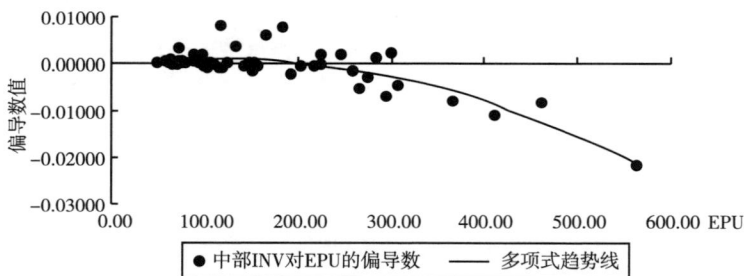

图 5 – 13　中部地区投资对经济政策不确定性的偏导数

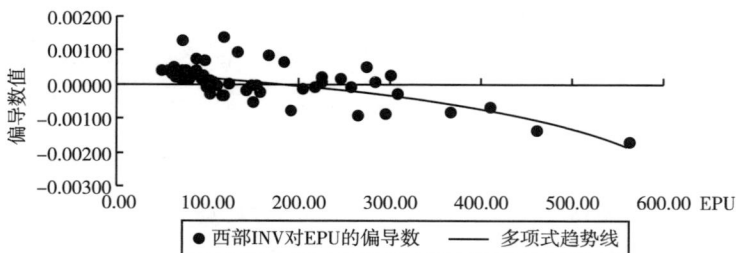

图 5 – 14　西部地区投资对经济政策不确定性的偏导数

5.3.4.2 经济政策不确定性对出口的影响

图 5-15～图 5-17 为各区域出口对经济政策不确定性的偏导数图。相比于经济政策不确定性对宏观经济在其他方面的影响，经济政策不确定性对出口的影响较小。现有研究从不同视角用不同方法分析了经济政策不确定性对出口的影响，得出两种主要结论：一是政策不确定性会降低企业出口，代表性研究有魏友岳和刘洪铎（2017）、谢波提洛和斯图卡茨（2017）、刘竹青和佟家栋（2018）等；二是国内经济政策不确定性会促进企业出口，而国外经济政策不确定性会影响国内进口（谢申祥和冯玉静，2018）。然而，对比现有中国整体层面的研究，本书发现只有东部地区在经济政策不确定性较高时才会出现 EPU 对出口的抑制作用，而中部和西部地区 EPU 对出口的影响并不明显。一方面，中国的出口企业主要集中在东部沿海区域，东部地区省份出口占据了全国出口总量的绝大部分，东部地区出口更易受到经济政策不确定性的影响；另一方面，纵观现有研究，实证过程中所使用的数据时间较早，中国经济政策不确定性指数在近几年出现了较大的波动（较高的经济政策不确定性指数出现在 2015 年之后），这为本书的研究提供了更为广泛的样本空间。从图 5-15～图 5-17 中可以看到，经济政策不确定性对出口的非线性负向影响主要出现在 EPU 指数大于 300 之后，而以往研究的数据样本中较少出现经济政策不确定性指数大于 300 的情况。

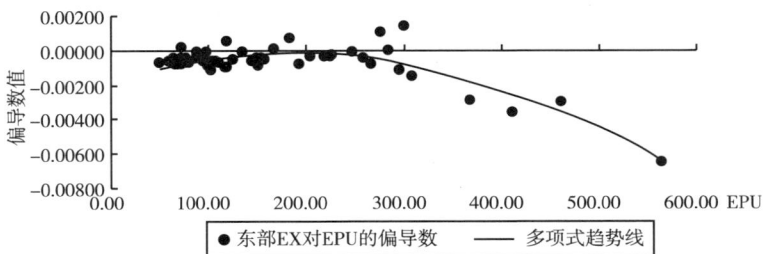

图 5-15　东部地区出口对经济政策不确定性的偏导数

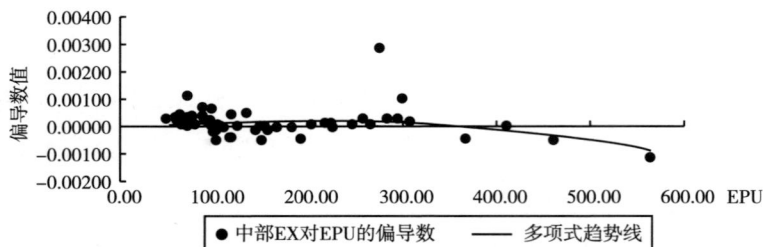

图 5 – 16   中部地区出口对经济政策不确定性的偏导数

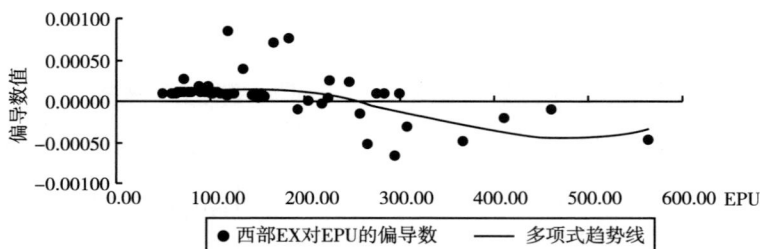

图 5 – 17   西部地区出口对经济政策不确定性的偏导数

5.4   本章小结

中国经济政策不确定性对宏观经济存在非线性影响，且这种影响还存在区域空间差异。现有研究更多是运用线性回归模型研究经济政策不确定性对宏观经济的影响，无法深入分析区域空间上的差异性和非线性特征，同时现有研究也缺乏技术进步层面上的讨论。本章基于一个内生增长理论模型分析了经济政策不确定性对经济增长的非线性影响，然后将 GVAR 模型和非参数计量经济学理论相结合，提出了半参数全局向量自回归模型（SGVAR），并给出了具体估计方法，进而从全局出发利用非参数偏导数图研究分析了 2003

年第二季度至 2017 年第四季度中国经济政策不确定性对区域经济产出的非线性影响，并利用广义脉冲响应函数分析了区域产出和技术进步之间的互动及区域传导效应。出于稳健性目的，在 SGVAR 系统下检验了经济政策不确定性对出口和投资的影响。主要研究结论如下所述。

（1）经济政策不确定性对东部、中部、西部三大区域技术进步存在异质性的非线性影响。在经济政策不确定性指数较低时，东部和中部地区经济政策不确定性对技术进步存在随着 EPU 增大而减小的正向促进效应，而西部地区经济政策不确定性对技术进步存在随经济政策不确定性增大而不断增大的负向偏效应。

（2）经济政策不确定性对产出的非线性影响也存在区域空间上的差异。在经济政策不确定性指数较低时（临界值介于 200～300），其对东部、中部、西部三大区域产出增长的抑制作用不明显，但随着经济政策不确定性的增大，其对产出水平表现出较强的抑制效应，且这种偏效应随经济政策不确定性的增大而增大，其中，对东部地区经济增长的抑制效应强于中部和西部地区。

（3）对应于自身技术进步的冲击，中部地区总产出响应值大于西部地区，西部地区大于东部地区；技术进步具有空间传导效应，三大区域技术进步均能相互促进，发达地区的技术进步空间溢出效应较大，同时，发展较弱的地区对其他地区也有反向刺激作用；产出对技术进步也有反向促进作用，具体到区域而言，东部地区反向促进作用大于中部地区，中部地区大于西部地区。

（4）经济政策不确定性对投资有非线性影响，对东部地区投资的抑制作用更为明显，且随 EPU 指数的增大而增大，而中部和西部地区只有 EPU 指数大于 300 时才表现出较为明显的抑制作用；相比较而言，经济政策不确定性对出口的影响较小，EPU 指数大于 300 时才对各区域出口产生一定的负向影响，这一特征在东部地区表现较明显。

综上所述，经济政策不确定性会通过各类途径对产出造成影响，各类影响大致以 EPU 指数 300 为界。东部地区在经济政策不确定性指数较低时，EPU 对技术进步影响为正，对投资影响为负，对出口影响不明显，各影响之和导致 EPU 对产出影响不明显；而 EPU 指数大于 300 时，EPU 对各变量影响均为负，进而阻碍了产出增长。中部地区 EPU 指数低于 300 时，其对技术进步影响为正，对投资、出口和产出影响不明显，产出有可能受到其他因素影响；EPU 指数大于 300 时，EPU 对宏观经济更易产生负向影响。经济政策不确定性对西部地区各宏观经济变量的影响除技术进步外均和中部地区相似，但由于技术进步在西部地区产出增长中的贡献相对较小，进而使得 EPU 对产出的综合影响出现和中部地区相似的情况。

第 6 章

中国经济政策不确定性对行业产出的
影响及技术进步的调节作用

　　我国"十三五"规划中首次将全要素生产率概念写入纲要中,可见提高全要素生产率和促进技术进步在当下经济发展中的重要性。提高广义上的技术进步既是维持产出增长的动力基础,也是实现经济结构优化升级、追求经济高质量发展的内在要求。行业技术进步改进对整体技术进步无疑具有推动作用,长期以来,如何提高行业技术进步是产出增长领域的重要问题。经济政策不确定性不仅会对国际经济交流与合作产生影响,也会对国内宏观层面产出和技术进步造成影响,由此,经济政策不确定性必然会影响到中观层面的行业产出和行业技术进步。当前,政府仍然掌握着重要资源的配置权(袁建国等,2015),特别是在经济环境恶化时，政府的各项决策在经济运行中起到了极其重要的作用。为了促进不同行业的发展，各类行政部门也制定了众多的行业政策。面对政策的变化，不同行业会审时度势动态调整生产经营活动，这一过程会对行业产出及技术进步造成影响，尤其是在面临共同的宏观经济政策冲击时，不同类型的行业也可能因行业差异而具有不同的表现。

现有深入行业层面研究经济政策不确定性影响的文献相对较少。郑立东等（2014）研究了经济政策不确定性对不同行业现金持有调整速度的影响，结果表明，经济政策不确定性的提高会导致企业现金调整速度加快，EPU 对周期性行业的现金持有调整作用强于非周期性行业。闫华红和陈亚（2019）分析了经济政策不确定性对房地产行业资本成本的影响，在以 A 股房地产上市公司数据为样本的实证研究中发现，EPU 与房地产行业的资本成本呈显著的正相关关系，且 EPU 指数越高，EPU 与房地产行业的正相关关系越强。谭莹等（2018）探讨了经济政策不确定性对农产品产业链价格冲击的影响。相关研究尚未涉及经济政策不确定性在行业产出层面的影响。虽然已有研究开始探讨经济政策不确定性对某些具体行业的影响，但是目前关于经济政策不确定性如何影响行业产出的相关研究却十分缺乏。本书在第 3 章和第 5 章相关分析中表明经济政策不确定性对产出和技术进步具有非线性作用，这为本章构建合理的计量经济学模型提供了经验支持。考虑到技术进步在产出增长中的重要作用，为了进一步探讨技术进步在经济政策不确定性影响行业产出中的具体作用过程，本章采用调节效应分析方法从细分行业层面入手，实证分析经济政策不确定性对行业产出的影响，也为在技术进步路径下研究经济政策不确定性对产出的影响提供另一个角度的实证证据。

6.1　技术进步在经济政策不确定性影响
行业产出中的调节作用分析

结合前面章节的研究可以发现，经济政策不确定性会通过技术进步对产出产生影响。根据新古典增长理论和内生增长理论等经济理论，技术进步是经济增长的动力源泉。技术进步水平不仅体现了一国经济的综合实力，也体现了经济发展的内在稳定性和可持续性。广义上的技术进步包含科学技术发展带来的技术创新、管理创新和更优的资源配置方法等。技术进步的上升能够提升整体经济抗风险能力，能够在一定程度上对冲经济政策不确定性给产出增长带来的不利影响。

一方面，技术进步的发展在创造出新产品的同时可以提高机器设备的工作效率，直接降低单位产品生产所需的各类要素投入，促进行业生产效率的提高；通过网络信息技术、交通物流技术等的升级换代能够缩短交易过程，降低各个环节的成本。虽然经济政策不确定带来的外部冲击，会使得各行业企业面临的外部经济环境发生转变，增加企业的外在融资约束（段梅和李志强，2019），干扰企业的各项决策行为，进而对行业产出造成影响，但是技术进步水平较高的行业，意味着相关企业在经济政策不确定性环境下依然能够保持较高的利润空间，使其受到更小的流动性约束。同时，在不确定性环境下，创新有利于企业依靠自身技术水平主导行业的市场秩序，从而降低不确定性冲击的影响（田晖等，2020）。因而，技术进步能够使各行业企业更加主动地适应外部环境变化和规避风险。另一方面，实现经济结构调整和转型升级是全面增强我国经济抗风险能力的内在要求，在这一过程中，技术创新是主要推动力（聂高辉等，2018）。此外，通过在长期内提高本国技术进步的发展速度，在面临外来经济政策不确定性冲击时，尤其是受到他国技术制裁时，本国也能够较好地摆脱他国的技术制约和技术封锁。综上所述，本书认为技术进步能够削弱经济政策不确定性对行业产出的负向影响。

由于行业性质差别较大，不同行业不但在技术进步上存在差异，在面临经济政策不确定性冲击时也会有不同的表现。例如，郑立东等（2014）分析发现，面对经济政策不确定性冲击，周期性行业企业具有更高的现金调整速度；吴一平和尹华（2016）研究表明，政策不确定性对企业投资的负向影响仅存在于政企关系较弱的非国有企业之中；张峰等（2019）研究发现，在高经济政策不确定性环境中，非国有企业相比于国有企业具有更强的动机和能力借助服务转型来应对政策波动。因此，本章从行业整体层面分析技术进步在经济政策不确定性影响行业产出的调节作用时，也分样本探讨这一调节作用在国有企业主导行业与非国有企业主导行业、周期性行业与非周期性行业、三大产业间的差异。基于上述分析，本章建立如下分析框架，如图 6-1 所示。

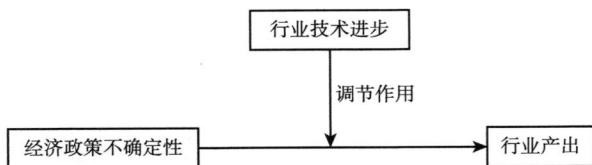

图 6-1 经济政策不确定性对行业产出的作用机制

6.2 实证设计

6.2.1 实证模型设定

为考察经济政策不确定性、技术进步与行业产出之间的关系，本书借鉴温忠麟等（2014）和杜运周等（2012）关于调节效应模型的设定，并根据前文分析构建对应的计量经济学模型。

首先，检验经济政策不确定性对行业产出的直接影响。从总需求角度分析，经济政策不确定性可以通过投资、消费和净出口来减少总需求，进而导致产出下降。政府主导的投资导向型增长模式是中国典型的增长模式，这与发达市场经济体存在明显差异。机遇预期理论认为不确定性是企业利润的唯一来源，假如未来的变动都可以预测，企业的利润就消失了。对于处于发展中国家行列的中国而言，当 EPU 较小时，各行业的机遇预期动机较强，EPU 对产出有明显的正向作用。因为，当财政政策、货币政策在原有的框架内不确定性较小时，谋求机遇的动机很容易成为各行业利益相关者之间的一致预期。市场的乐观情绪也感染着各个行业，抢先一步把握未来的增长机会获得市场先发优势的动机激励着企业家的冒险精神。此外，EPU 较低时，EPU 的产生更有可能来源于政府为了矫正不当的市场行为、完善经济制度和规范市场秩序而对经济社会做出的轻微有效干预，这类行为能够有效弥补市场不足和矫正市场失灵，从而对行业产出具有正向促进作用。当 EPU 较高时，由于市场制度不健全而缺乏内在的稳定机制，各行业对频繁进行的各种"政策试验"缺乏识别能力，必然会加大各行业风险规避的动机，高 EPU 将对行业产出起到阻碍作用。根据实物期权理论和融资溢价理论，高 EPU 也会阻碍企业的投资，增加企业的融资约束，进而抑制产出的增长。根据第 5 章的分析，产出对经济政策不确定性的偏导数值随 EPU 指数的增大而不断减小，最后表现出不断增强的抑制效应，本章将经济政策不确定性的平方项加入模型之中，这可以在一定程度上反映偏导数值的变化特征。同时，面板数据模型虽然能够在一定程度上克服遗漏变量所引起的内生性问题，但技术进步和产出之间的双向因果关系可能引起的内生性问题更是本书模型需要考虑的，为了避免模型可能存在的内生性问题，本书把所有与时间相关的解释变量和控制变量进行滞后一期处理，构建如下面板数据模型：

$$\ln y_{it} = \alpha_1 + \beta_{10}TFP_{it-1} + \beta_{11}\,epu_{t-1} + \beta_{12}\,epu_{t-1}^2 + \lambda_{1i}\sum_{i=1}^{n}Controls_{it-1} + \varepsilon_{it}$$

$$(6-1)$$

其中，i 代表行业，t 代表年份，y 代表行业产出。epu 和 epu^2 分别表示经济政策不确定性的一次项和平方项，用来检验经济政策不确定性对行业产出是否具有非线性影响及体现出的参数化非线性特点，具体而言，如果经济政策不确定性的平方项回归系数 β_{12} 为负，则表明经济政策不确定性对行业产出具有随经济政策不确定性指数不断增大的非线性抑制效应。$Controls$ 代表影响行业产出的一系列其他解释变量或控制变量，包括行业投资（inv）、外商直接投资（fdi）、外商直接投资项目数（$fdixm$）、人力成本（hum）、所有权构成类型（$ownership$）。α_1 为常数项，ε_{it} 为随机干扰项。

其次，检验技术进步在经济政策不确定性影响行业产出中的调节效应。本书将技术进步与经济政策不确定性的交互项放入模型，替代技术进步项，建立技术进步的调节效应模型：

$$\ln y_{it} = \alpha_2 + \beta_{20}\, epu_{t-1} \times TFP_{it-1} + \beta_{21}\, epu_{t-1} + \beta_{22}\, epu_{t-1}^2 + \lambda_{2i} \sum_{i=1}^{n} Controls_{it-1} + \zeta_{it}$$

$$(6-2)$$

6.2.2　变量说明和数据来源

根据数据统计口径的变动特征以及数据的可获得性，本章以 2005～2017 年中国 19 个细分行业〔根据《国民经济行业分类》（GB/T 4754—02）〕的统计数据作为初始样本，研究经济政策不确定性对行业产出的非线性影响及技术进步的调节作用。具体变量来源和处理如下所述。

（1）被解释变量：行业产出。细分行业产出用各行业产出增加值来衡量。用细分行业所属三大产业的平减指数把以现价计算的细分行业增加值换算成以 2004 年为基期的不变价实际增加值。数据来源于《中国统计年鉴》和 Wind 数据库。

（2）调节变量：技术进步指数 TFP。该指数的计算沿用第 5 章的计算方法，用 DEA 计算的 M 指数来衡量。投入为劳动和资本存量，产出为行业增加值。计算 TFP 所用数据时间为 2004～2017 年。需要说明的是，本章资本存量的计算与第 5 章有所不同，原因在于单豪杰（2008）计算了分省份的资本存量数据和方法，而田友春（2016）给出了细分行业的资本存量计算，分省份和分行业资本存量的计算分别是两者的独有贡献。两者在全国资本存量的总量估算结果上较为接近，本章认为前后两种资本存量计算具有一致性，是可比的。因此，本章采用田友春（2016）的方法来计算行业资本存量。

劳动投入方面，理论上应包含劳动投入的数量、时间和质量等方面因素，然而，在实际研究中变量的形成往往取决于指标的可获得性。由于中国分行业劳动力时间和质量方面的数据并未统计或公布，本书同大多数文献一样采用劳动力人数作为劳动投入的代理变量，采用王怒立和胡宗彪（2012）、姚星等（2015）的估算方法来计算三大产业分行业劳动力人数。即：除第一产业外，服务业分行业劳动力人数 = 服务业全社会总就业人数 ×（服务业分行业城镇单位就业人数/服务业城镇单位就业总人数），制造业分行业劳动人数与服务业分行业劳动人数的计算方法类似。三大产业全社会就业人数、分行业城镇单位就业人数和城镇单位就业总人数数据来自《中国统计年鉴》和 Wind 数据库。

资本存量投入方面，资本存量用国民经济分行业的物质资本存量来表示，由于缺乏资本存量的官方数据，我们直接采用田友春（2016）估算得到的 2004 ~ 2014 年的分行业资本存量数据，根据全社会固定资产投资价格指数将基期转换成 2004 年，并利用该文的估算方法将资本存量数据推算至 2016 年。采用永续盘存法计算的资本存量公式为：$k_{it} = (1 - \delta_i) \times k_{it-1} + (1 - \tau) \times i_{it}$。其中，$k_{it}$ 为 i 行业在 t 时期的资本存量，δ_i 为 i 行业的资本折旧率，i_{it} 为 i 行业在 t 时期的投资，τ 为投资被"高估"部分，$1 - \tau$ 则为投资转换率，即投资转换为资本的比例。为了计算的简便，本书假定投资的转化率为 100%，并用 2004 ~ 2013 年各行业的平均折旧率作为各行业 2015 ~ 2016 年的投资折旧率。数据来源于《中国统计年鉴》。

（3）其他解释变量或控制变量。

①投资额。用细分行业固定资产投资额表示，并转化为以 2004 年为基期

的实际值，单位为万亿元。

②外商直接投资额、外商直接投资项目数。现有研究表明，外商直接投资能够促进东道国产出增长并带来技术溢出效应，是发展中国家获取外来技术进步的主要途径。将外商直接投资额根据固定资产投资指数转化为以 2004 年为基期的实际值，单位分别为亿美元和万个，两类数据均来源于《中国统计年鉴》。

③细分行业人力成本。劳动力成本对企业来讲是成本，但对劳动者来说则是收入，刘盾等（2014）对我国劳动力工资影响经济增长的情况进行了实证研究，发现中国现阶段处于工资拉动增长阶段，虽然工资的上升可能对出口和投资产生抑制作用，但对消费需求增长的促进效果足以抵消这一不利影响。而康健（2017）则实证发现，中国工资水平与经济增长之间存在负相关关系，中国保持高速经济增长的一部分原因是来自压低劳动力工资的结果。实际上，劳动力的平均薪酬也反映出劳动力的人力资本或知识水平，行业平均劳动力报酬越高，说明行业平均人力资本或知识水平越高，从这个方面看，人力成本有利于行业产出。因此，本书以分行业城镇单位就业人员平均工资作为人力成本的代理变量，用 CPI 指数转化为实际值，单位为万元。数据来源于《中国统计年鉴》。

④所有权构成类型。行业所有权类型结构上的差异也有可能影响到行业技术进步和产出水平，本书和刘娟（2019）一样，将细分的 19 个行业按行业就业人数划分为国有主导和非国有主导行业，具体地，如果某行业国有企业就业人数大于城镇集体加上其他单位就业人数之和，则该行业所有权类型赋值为 1，否则赋值为 0。由于官方未统计 2004~2005 年各行业国有和非国有企业从业人数，实际上细分行业所有权属性在短期内并不会发生太大变化，本书把这两年的行业所有权赋值情况用 2006 年的赋值进行填补。数据来源于 Wind 数据库。

⑤经济政策不确定性指数。年度经济政策不确定性指数的获取及计算方

式和前面相同，为了便于分析，本章将 EPU 指数除以 100。各变量描述性统计结果如表 6 - 1 所示。

表 6 - 1 各变量描述性统计

变量	符号		均值	标准差	最小值	最大值
行业增加值	lny_{it}	总体	9.22068	1.02961	6.71228	12.09287
		组间		0.99669	7.27428	11.58820
		组内		0.33934	8.24417	9.84862
技术进步	TFP_{it}	总体	1.04255	0.08053	0.75300	1.38400
		组间		0.02735	0.98500	1.08869
		组内		0.07599	0.73624	1.39294
投资	inv_{it}	总体	1.38759	2.62162	0.01040	15.00601
		组间		2.25243	0.05798	8.44306
		组内		1.43071	-5.04648	7.95053
外商直接投资额	fdi_{it}	总体	54.02680	106.40500	0	521.01000
		组间		104.30210	0.04000	434.34920
		组内		31.20542	-99.52089	220.16370
外商直接投资项目数	$fdixm_{it}$	总体	0.15831	0.34344	0	2.89280
		组间		0.29513	0.00015	1.15819
		组内		0.18734	-0.59859	1.89291
人力成本	hum_{it}	总体	3.67699	1.67663	0.80620	9.51996
		组间		1.21939	1.64338	6.27115
		组内		1.18182	0.27708	6.95810
所有权构成类型	$ownership_{it}$	总体	0.44534	0.49801	0	1
		组间		0.46479	0	1
		组内		0.20622	-0.47773	1.29150
经济政策不确定性	epu_t	总体	1.68353	0.96870	0.64962	3.64833
		组间		0	1.68353	1.68353
		组内		0.96870	0.64962	3.64833

6.3 实证结果分析

6.3.1 计量经济学检验

表6-2为变量的相关性系数检验，结果显示，行业产出与投资、外商直接投资额、外商直接投资项目数、人力成本、经济政策不确定性存在显著的正相关，与行业所有权类型构成存在显著的负相关，行业产出与投资和外商直接投资的相关系数较大。为了检验各解释变量之间是否存在多重共线性，本书使用方差膨胀因子对变量间的共线性进行检验，结果发现 $\max\{VIF_1,$ $VIF_2,\cdots,VIF_k\}$ = 6.74 < 10，能够满足一般经验法则的基本要求，可以认为实证所选用变量不存在严重的共线性问题。虽然相关性分析能够在一定程度上解释变量之间的相互依赖关系，但更为严谨的量化分析仍需依据数据特征借助合适的计量模型进行回归检验。

表6-2 变量的相关性分析

变量	lny_{it}	TFP_{it}	inv_{it}	fdi_{it}	$fdixm_{it}$	hum_{it}	$ownership_{it}$	epu_t
lny_{it}	1							
TFP_{it}	0.0122	1						
inv_{it}	0.4749***	0.0254	1					
fdi_{it}	0.6036***	−0.0053	0.7417***	1				
$fdixm_{it}$	0.4558***	0.0025	0.2369***	0.6931***	1			
hum_{it}	0.1525**	−0.1621**	0.0451	0.0438	−0.0683	1		
$ownership_{it}$	−0.424***	0.1499**	−0.2097***	−0.3734***	−0.302***	−0.1695***	1	
epu_t	0.228***	−0.084	0.2134***	0.0802	−0.0228	0.5125***	−0.0836	1

注：***、**、*分别表示在0.01、0.05、0.1的水平上显著。

6.3.2 全样本回归结果分析

在对整体样本进行回归分析之前，要根据数据检验结果选择合适的模型。对式（6－1）和式（6－2）分别采取固定效应（fixed effects，FE）模型、随机效应（random effect，RE）模型和混合效应（pooled ordinary least squares，POLS）模型进行参数估计，回归结果如表6－3和表6－4所示。从中可以看到模型（6－1）和模型（6－2）固定效应 F 检验都强烈拒绝所有 $u_i = 0$ 的原假设，说明固定效应模型比混合效应模型更优。依据豪斯曼（Hausman）检验，统计量对应的 p 值均在10%的显著性水平上拒绝随机扰动项与解释变量和控制变量不相关的原假设，表明固定效应模型优于随机效应模型。从回归结果中还可以看到，固定效应模型和随机效应模型的回归结果较为接近，因此，后面选择固定效应模型进行结果分析。

表6－3   **基准回归结果**

项目	模型（6－1）					
	FE	RE	POLS	FE	RE	POLS
$L. TFP$	0.26432 ** (0.10346)	0.27196 ** (0.10519)	0.8054 (0.63286)	0.27371 *** (0.10088)	0.28113 *** (0.10251)	0.86868 (0.63312)
$L. inv$	0.02029 ** (0.00871)	0.02286 *** (0.00881)	0.04749 (0.04205)	0.02427 *** (0.00857)	0.02674 *** (0.00867)	0.05262 (0.04212)
$L. hum$	0.24981 *** (0.01092)	0.24599 *** (0.01105)	0.03767 (0.03738)	0.24141 *** (0.01093)	0.23771 *** (0.01105)	0.03143 (0.03756)
$L. fdi$	0.00061 * (0.00031)	0.00073 ** (0.00031)	0.003 ** (0.00131)	0.00047 (0.00031)	0.00058 * (0.00031)	0.00274 * (0.0013)
$L. fdixm$	－ 0.02 (0.05806)	－ 0.00348 (0.05877)	0.46252 * (0.26594)	0.01649 (0.05760)	0.03258 (0.05827)	0.51799 ** (0.26832)

项目	模型（6－1）					
	FE	RE	POLS	FE	RE	POLS
$L.\,ownership$	0.08851 ** （0.04122）	0.07931 * （0.04175）	－0.48477 *** （0.11288）	0.07836 * （0.04029）	0.06955 * （0.04079）	－0.49323 *** （0.11279）
$L.\,epu$	0.00321 （0.01247）	0.00391 （0.01268）	0.1402 * （0.07146）	0.14846 *** （0.04436）	0.15137 *** （0.04508）	0.52231 * （0.28251）
$L.\,epu^2$				－0.03355 *** （0.00985）	－0.03408 *** （0.01002）	－0.09103 （0.06512）
$\_cons$	8.01136 *** （0.12081）	8.00759 *** （0.23344）	8.00975 *** （0.68294）	7.91126 *** （0.12138）	7.90603 *** （0.23359）	7.65828 *** （0.72637）
R^2	0.8727	0.8726	0.4527	0.8798	0.8795	0.4576
F 统计量	198.06 ***		26 ***	183.84 ***		23.09 ***
固定效应 F 检验	530.97 ***			554.41 ***		
Wald 检验		1338.57 ***			1422.34 ***	
Hausman 检验	13.25 *			12.93 *		
样本量	228	228	228	228	228	228

注：*** 、** 、* 表示在 0.01、0.05、0.1 的水平上显著；括号内数值为统计量对应的标准误；$L.$ 表示滞后一期，$\_cons$ 为常数项。

表 6－4   技术进步调节效应的回归结果

项目	回归模型（6－2）					
	FE（01）	RE	POLS	FE（02）	FE（03）	FE（04）
$L.\,TFP \times epu$	0.20841 *** （0.07089）	0.21382 *** （0.07173）	0.34888 （0.45283）	0.20386 *** （0.07182）		0.14366 * （0.07624）
$L.\,TFP \times epu2$				0.00003 （0.0025）		－0.00246 （0.00268）
$L.\,inv$	0.02369 *** （0.00847）	0.02595 *** （0.00854）	0.05161 （0.04257）	0.02388 *** （0.00872）	0.02427 *** （0.00871）	0.01892 * （0.01021）
$L.\,hum$	0.24123 *** （0.01063）	0.23801 *** （0.01072）	0.03197 （0.03801）	0.24066 *** （0.01185）	0.23643 *** （0.01094）	0.22273 *** （0.01255）

续表

项目	回归模型（6-2）					
	FE（01）	RE	POLS	FE（02）	FE（03）	FE（04）
L. fdi	0.0005 (0.00031)	0.0006 ** (0.00031)	0.00285 ** (0.00133)	0.00052 * (0.00031)	0.00036 (0.00031)	0.00038 (0.00035)
L. fdixm	0.02165 (0.05702)	0.03631 (0.05748)	0.51141 * (0.2704)	0.01895 (0.05816)	0.007 (0.05839)	-0.00218 (0.06166)
L. ownership	0.10699 *** (0.03857)	0.09941 ** (0.03891)	-0.45984 *** (0.11441)	0.07906 * (0.04031)	0.08352 * (0.04088)	0.04849 (0.04276)
L. epu	-0.06300 (0.08753)	-0.06709 (0.08858)	0.09235 (0.54722)	-0.06811 (0.08875)	0.14952 *** (0.04505)	0.1558 (0.1281)
L. epu2	-0.03407 *** (0.00972)	-0.03438 *** (0.00984)	-0.0794 (0.06541)	-0.03272 *** (0.01003)	-0.03282 *** (0.01)	-0.08501 *** (0.03129)
cons	8.1779 *** (0.04661)	8.18035 *** (0.21125)	8.60292 (0.26319)	8.20067 *** (0.04716)	8.21593 *** (0.0468)	8.27347 *** (0.06812)
R^2	0.8824	0.8822	0.4495	0.8827	0.8754	0.8523
F 统计量	188.51 ***		22.35 ***	163.27 ***	202.67 ***	116.01 ***
固定效应 F 检验	575.62 ***			553.64 ***	541.80 ***	500.27 ***
Wald 检验		1470.04 ***				
Hausman 检验	12.27 *					
sample size	228	228	228	228	228	209

注：*** 、** 、* 表示在0.01、0.05、0.1的水平上显著；括号内数值为统计量对应的标准误；L. 表示滞后一期，_cons 为常数项。在 FE（04）回归中解释变量做了滞后2期处理。

6.3.2.1 经济政策不确定性对行业产出的影响

表6-3中模型（6-1）的回归结果报告了经济政策不确定性对行业产出的影响。在没有包含 EPU 平方项的回归中，我们可以看到，固定效应模型和随机效应模型中 EPU 的系数均不显著（即使在混合效应模型中该系数在10%的水平上显著，但检验发现该模型并没有固定效应模型可靠），这很有可能是因为 EPU 对产出的影响并非表现为简单的线性关系。这一观点在包含

EPU 平方项的模型中得到了验证。

固定效应模型中经济政策不确定性的滞后一期一次项系数显著为正（0.148），经济政策不确定性的滞后一期平方项系数显著为负（-0.034）。以此可以判断，经济政策不确定性对行业产出具有倒"U"型非线性影响。经济政策不确定性指数较低时，经济政策的变动有利于行业产出的增长，此时经济政策不确定性的产生更有可能来源于政府为了矫正不当的市场行为、完善经济制度和规范市场秩序而对经济社会做出的轻微有效干预，这类行为能够有效弥补市场不足和矫正市场失灵，从而对行业产出具有正向促进作用。随着经济政策不确定性指数变大，经济政策不确定性对行业产出的影响由促进逐渐转为抑制，表明经济政策变动幅度过大将不利于行业产出，对市场经济过度干预或政策频繁变动引起的高经济政策不确定性将对行业产出起到阻碍作用。然而，近些年来，中国经济政策不确定性指数在高位波动，经济政策不确定性已对中国经济增长产生了明显的负向影响。一方面，经济政策不确定性可以通过影响进出口贸易、投资、消费和就业等对行业产出造成负向影响；另一方面，在不完全信息市场下，政策的频繁变动将导致市场经济参与者无法合理有效利用政策信息作出最佳决策，这不仅有可能导致市场效率低下，甚至还有可能引起市场混乱，进而降低行业产出。同时，如果将式（6-1）对经济政策不确定性求偏导，不难得出，当经济政策不确定性指数接近221时，偏导数值为0，从这一点上看，本章得出的结果同第5章结论具有一致性（第5章实证得出经济政策不确定性对产出影响的临界值介于200~300）。

其余解释变量方面，技术进步滞后一期项的系数显著为正（0.274），说明技术进步能够带动行业产出增长。在整体技术进步水平较低的情况下，全面提升技术进步是保持产出持续增长的关键。从广义技术进步构成来看，技术进步主要可以通过提升资源的配置效率和提高科技水平来推动，创新驱动发展战略的实施将有利于技术进步的持续提升。另外，行业投资、人力成本、行业所有权类型均对行业产出具有显著的正向影响。但从系数的大小上看，行业投资对行业产出增长的作用相对较小（0.024），我国目前已进入前期刺激政策消化期，投资对产出增长的拉动效果较以往有明显减弱。赖平耀（2016）指出，中国经济已进入索洛下行通道，只有通过"去投资"和市场化改革来释放经济增长的动力，才能让中国经济重新进入一个持续有效的增长轨道。

6.3.2.2 技术进步在经济政策不确定性影响行业产出中的调节作用

从表 6-4 的固定效应回归结果可以看出，加入 TFP 的交互项之后，EPU 的平方项系数仍然显著（-0.034），且符号没有发生改变，这表明 EPU 对行业产出的影响是非线性的。此时，我们发现 EPU 的系数发生了翻转（但不显著），而 TFP 交互项的系数显著为正，说明 EPU 对行业产出的影响中有一部分是通过技术进步发生作用的（毕竟 EPU 平方项系数显著为负）。结合实际情况，本书计算的样本期内技术进步的平均值为 1.04。如果将其代入回归模型，我们发现调节效应模型和基准回归模型是基本一致的。该调节效应模型说明，技术进步可以调节 EPU 给行业产出带来的不利影响。技术进步水平越高，经济社会抗风险能力就越强，技术进步有利于化解 EPU 给行业产出带来的不利影响。

从模型（6-2）的回归结果还可以发现，经济政策不确定性和技术进步的交互项显著为正（0.208），说明技术进步可以调节经济政策不确定性给行业产出带来的不利影响。技术进步水平越高，经济社会抗风险能力就越强，技术进步有利于化解经济政策不确定性给行业产出带来的不利影响。首先，技术进步程度越高，表明行业的潜在收益越高，在面临经济政策不确定性时，该行业企业所面临的融资约束也就会越小，较小的融资约束对产出的不利影响较弱。同理，技术进步程度较低的行业，经济政策不确定性作为企业面临的一种外部随机冲击，会使企业面临较大的融资约束，为了防范经济政策不确定性带来的风险，这些企业将不得不增加现金持有，而现金持有中的一部分来自企业当前放弃的投资（李凤羽和史永东，2016），这一过程会对企业的生产经营活动造成影响，不利于行业产出的增长。其次，技术进步水平越高的行业往往具有更高的资源配置效率，面临经济政策不确定性的冲击，更高的资源配置效率有利于保持行业产出。最后，技术进步水平越高，在某种程度上说明该行业企业的自我学习能力越强。莫彦和普拉蒂卡诺夫（Moyen and Platikanov，2009）研究发现，企业自身学习能力的提高有助于减弱经济政策不确定性给企业经营决策带来的影响。企业通过学习获得的新知识和新信息也有助于降低或消除经济政策变动带来的不确定性（邢小强和全允桓，2010）。上述因素使得技术进步的提高能够降低经济政策不确定性带来的不利影响。

为了检验结果的稳健性，本书在回归中添加了 TFP 和 EPU 平方的交互项。然而，从模型（6-2）中的 FE（02）可以看出，该系数不显著，其他变量的系数没有显著变化。因此，我们进一步认为，EPU 对产出的非线性影响可以用 EPU 的平方项以及 EPU 和 TFP 的相互作用项来解释。本书在表6-4 中报告了没有全要素生产率的基准回归结果，可以发现样本符合理论预期。此外，鉴于投资和人力资本投资在短期内可能不会带来产出效应，本书对所有解释变量做了滞后两期处理，从 FE（04）的回归结果可以看出，该结论依然是稳健的。

其余解释变量方面，模型（6-2）的回归结果显示，其余解释变量的系数值大小以及显著性水平均和模型（6-1）没有太大差别，人力成本、投资及行业所有权构成类型均能带来正向行业产出。从该回归模型可以初步得出，国有企业主导行业总体上有利于促进行业产出。

6.3.3 国有企业主导与非国有企业主导行业样本比较分析

国有经济是我国国民经济的重要支柱。在宏观经济环境较差时，国有企业在基础设施、社会民生等关键领域和薄弱环节的投资活动中起着主导作用，扮演着解决地方就业、增加财政税收、拉动经济增长的重要角色。相比于民营企业，国有企业具有更强的制度关联和政治关联，也因此可能具有更强的抗风险能力。因而，面临经济政策不确定性，国有企业主导的行业与非国有企业主导的行业在产出增长方面会具有不同表现。根据前文行业所有权构成类型，本书把细分19个行业划分为国有企业主导与非国有企业主导行业（在样本期内，如果行业所有权构成类型出现 1 的次数大于出现 0 的次数，则归为国有企业主导行业，否则归为非国有企业主导行业），用固定效应模型进行技术进步调节效应分析，结果如表 6 - 5 所示。

表 6 - 5 　　　　国有企业主导与非国有企业主导行业子样本回归结果

变量	国有企业主导行业		非国有企业主导行业	
$L. TFP$	0. 5135 *** (0. 14538)		0. 12052 (0. 13965)	
$L. TFP \times epu$		0. 35339 *** (0. 10879)		0. 1257 (0. 09718)
$L. inv$	0. 04274 ** (0. 01969)	0. 04925 ** (0. 01975)	0. 02241 ** (0. 01013)	0. 02201 ** (0. 01007)
$L. hum$	0. 27181 *** (0. 01576)	0. 26703 *** (0. 01581)	0. 21539 *** (0. 01517)	0. 2162 *** (0. 015)
$L. fdi$	- 0. 00437 ** (0. 0019)	- 0. 00403 ** (0. 00194)	0. 00061 * (0. 00035)	0. 00065 * (0. 00035)
$L. fdixm$	1. 98975 *** (0. 72056)	2. 16000 *** (0. 73233)	- 0. 00574 (0. 0659)	- 0. 00278 (0. 06555)
$L. epu$	0. 1302 ** (0. 05603)	- 0. 24535 * (0. 13336)	0. 18501 *** (0. 06709)	0. 05421 (0. 11873)
$L. epu^2$	- 0. 03581 *** (0. 01251)	- 0. 0349 *** (0. 01266)	- 0. 03726 ** (0. 01501)	- 0. 03747 ** (0. 0149)

续表

变量	国有企业主导行业		非国有企业主导行业	
_cons	7. 23147 *** （0. 16689）	7. 77505 *** （0. 05821）	8. 46927 *** （0. 17537）	8. 59006 *** （0. 06219）
R^2	0. 9029	0. 9047	0. 8724	0. 8736
F 统计量	122. 19 ***	124. 73 ***	100. 64 ***	101. 67 ***
样本量	108	108	120	120

注：***、**、*表示在 0.01、0.05、0.1 的水平上显著；括号内数值为统计量对应的标准误；
L. 表示滞后一期，_cons 为常数项。

从表 6 - 5 分样本回归结果可以看出，随着经济政策不确定性指数的不断上升，无论是国有企业主导行业还是非国有企业主导行业，经济政策不确定性对行业产出的影响均表现出先促进后抑制特征，即表现出倒"U"型特点。技术进步在经济政策不确定性影响行业产出中的调节效应只在国有企业主导的行业中显著，在非国有企业主导的行业中不显著，说明国有企业提升技术进步水平将更能有效抵抗经济政策不确定性带来的风险。

从经济政策不确定性对国有企业主导行业和非国有企业主导行业的行业产出影响大小上看，经济政策不确定性滞后一期和滞后一期的平方项对国有企业主导的行业产出系数分别为 0.130 和 -0.036，对非国有企业主导的行业产出系数分别为 0.185 和 -0.037，前者系数的绝对值小于后者系数的绝对值，表明经济政策不确定性对国有企业主导行业产出影响小于对非国有企业行业产出影响，即经济政策不确定性对国有企业主导行业的产出影响有限。得益于国家战略或政策的扶持，国有企业拥有巨大的资源优势和制度关联优势，这些优势一方面使得国有企业具有通畅的政策信息渠道，国有企业可以更及时准确地了解政策导向，并将信息扩散至整个行业，国有企业主导行业面临的政策波动影响也就相对较弱；另一方面，拥有大量不受管制或管制较弱的资源使得国有企业在面临政策波动时具有更强的应对能力。因而，国有企业主导行业更不易受到经济政策不确定性的影响，这一结果同张峰等

（2019）得到的结论相一致。

此外，从表6-5中可以发现技术进步对行业产出的正向影响在国有企业主导行业中显著，而在非国有企业主导行业中不显著，这表明在依靠技术进步促进行业产出方面，提升国有企业主导行业的技术进步将能够带来更加明显的产出效应。外商直接投资对非国有企业主导行业产出的影响显著为正，而对国有企业主导行业产出影响显著为负，这说明外商直接投资在一定程度上可能会挤占国有企业主导行业的私人投资，从而导致产出下降；但能促进非国有企业主导行业产出，这可能是因为对非国有企业主导行业的外商直接投资，能够为该行业带来更为先进的生产技术和管理经验，从而带动了行业产出。最后，同总样本回归结果一样，人力成本和投资均能够促进产出增长，但投资对国有企业主导行业产出的拉动作用相对较大。

6.3.4 周期性行业与非周期性行业样本比较分析

周期性行业是指受经济周期影响较大的行业。现有研究发现，经济政策不确定性对我国宏观经济影响还同所处经济周期相关（庞超然和杜奇睿，2019），周期性行业企业在经济政策变动较大时有着比非周期性行业更快的现金调整速度（郑立东等，2014）。这说明周期性和非周期性行业在面临经济政策不确定性时也可能会表现不同。因此，本书也在分行业基础上将行业划分为周期性行业与非周期性行业，探讨经济政策不确定性对这两大类行业产出的影响。目前，周期性与非周期性行业的划分尚未达成一致观点，本章根据巴杜科等（Boudoukh et al.，1994）的行业划分思路，将细分行业增加值的增长率与经济总量的增长率进行相关性分析，相关系数高于0.5的归为周期性行业，反之，则归为非周期性行业。根据此方法，周期性行业包括采矿业、制造业、建筑业、信息传输、计算机服务和软件业，批发和零售业，金融业，科学研究、技术服务和地质勘查业7个行业，其余则为非周期性行业，固定效应回归结果如表6-6所示。

表6-6   周期性行业与非周期性行业分样本回归结果

变量	周期性行业		非周期性行业	
$L.TFP$	0.09444 (0.28005)		0.51036 ** (0.21440)	
$L.TFP \times epu$		0.11597 (0.19421)		0.34321 ** (0.15792)
$L.inv$	-0.01748 (0.02723)	-0.01728 (0.02719)	-0.00246 (0.02157)	-0.00141 (0.02163)
$L.hum$	0.24916 *** (0.03013)	0.25032 *** (0.02987)	0.25756 *** (0.02413)	0.25393 *** (0.02405)
$L.fdi$	-0.00161 * (0.00096)	-0.00156 (0.00096)	0.00114 (0.00075)	0.00116 (0.00076)
$L.fdixm$	-0.20201 (0.14223)	-0.1967 (0.14220)	-0.17219 (0.63520)	-0.06916 (0.63595)
$L.epu$	0.32159 ** (0.1456)	0.19362 (0.25869)	0.05107 (0.08600)	-0.30043 (0.18649)
$L.epu^2$	-0.08498 ** (0.03213)	-0.08338 ** (0.03214)	-0.0009 (0.01915)	-0.00258 (0.01924)
$\_cons$	8.70525 *** (0.35934)	8.79937 *** (0.14288)	7.4904 *** (0.24565)	8.02062 *** (0.08833)
R^2	0.6994	0.7005	0.7604	0.7587
F 统计量	23.27 ***	23.39 ***	56.67 ***	56.14 ***
样本量	84	84	144	144

注: *** 、 ** 、 * 表示在0.01、0.05、0.1的水平上显著；括号内数值为统计量对应的标准误；$L.$ 表示滞后一期，$\_cons$ 为常数项。

从表6-6可以看到，划分周期性与非周期性行业后，经济政策不确定性对行业产出的影响出现了较大差异。经济政策不确定性对周期性行业的影响依旧呈现显著的非线性倒"U"型特征，且经济政策不确定性滞后一期一次项和二次项系数绝对值大于总样本回归系数的绝对值，说明经济政策不确定性对周期性行业的影响相当明显。但同时也可以看到，技术进步在经济政策不确定性影响周期性行业产出中的调节效应不再显著，表明在周期性行业中，经济政策不确定性主要通过投资、贸易和消费等途径直接影响行业产出。经济政策不确定性对非周期性行业的影响无论是滞后一期一次项系数还是二次项系数均不显著，而经济政策不确定性和技术进步的交互项显著为正，说明经济政策不确定性对非周期性行业产出的影响较弱，但依旧能够和技术进步共同作用于行业产出。经济政策不确定性具有逆经济周期特征，虽然经济政策不确定性变大有可能对非周期性行业产出带来一定的负向影响，但在经济周期下行时，非周期性行业不仅因其行业自身特点能够维持一定的产出水平，而且也更易受到投资者的关注，市场行为将减轻或抵消经济政策不确定性对非周期性行业的不利影响。相反，对周期性行业来讲，温和的经济政策波动有利于行业产出，但经济政策的频繁变化更易对产出造成较大的冲击。

其他变量方面，在分周期性行业和非周期性行业样本回归中，投资对行业产出的影响为负且不显著，人力成本的提升对行业产出仍然表现出显著的促进作用。

6.3.5 三大产业分样本比较分析

为了区分三大产业在经济政策不确定性影响产出方面的差异以及技术进步是否能够起到调节作用，本章分别选取对应的子样本进行回归分析。由于第一产业仅包括农、林、牧、渔业一个行业，无法进行固定效应面板数据回归，本书将其和第二产业进行合并分析。第一、第二产业和第三产业分样本的回归结果如表 6 - 7 所示。

表6-7　　　　　　　　第一、第二产业与第三产业分样本回归结果

变量	第一、第二产业		第三产业	
L. TFP	0.23368 (0.21842)		0.34808 *** (0.11636)	
L. TFP × epu		0.16988 (0.14495)		0.25943 *** (0.0863)
L. inv	0.00559 (0.02692)	0.00496 (0.02687)	0.03982 *** (0.01058)	0.03894 *** (0.0106)
L. hum	0.21689 *** (0.03483)	0.2179 *** (0.03467)	0.24422 *** (0.01073)	0.2419 *** (0.01053)
L. fdi	0.00032 (0.00118)	0.00032 (0.00118)	-0.00003 (0.00037)	0.00003 (0.00038)
L. fdixm	-0.10501 (0.13587)	-0.10611 (0.13556)	0.16818 (0.14972)	0.20534 (0.15027)
L. epu	0.11149 (0.12423)	-0.06836 (0.19207)	0.1744 *** (0.04434)	-0.0998 (0.10225)
L. epu^2	-0.02154 (0.02745)	-0.0216 (0.02738)	-0.0413 *** (0.00989)	-0.04019 *** (0.00988)
_cons	9.14527 *** (0.28577)	9.39149 *** (0.17938)	7.48126 *** (0.13722)	7.8505 *** (0.04101)
R^2	0.7577	0.7588	0.9155	0.9155
F 统计量	21.44 ***	21.57 ***	227.50 ***	227.64 ***
样本量	60	60	168	168

注：***、**、* 表示在0.01、0.05、0.1的水平上显著；括号内数值为统计量对应的标准误；L. 表示滞后一期，_cons 为常数项。

同分周期性行业和非周期行业回归结果类似，经济政策不确定性对第一、第二产业的影响和第三产业的影响也存在较大的差异。在对第一、第二产业样本回归结果中，除人力成本对行业产出的影响显著为正之外，其余变量系数均不显著，说明第一、第二产业不受经济政策不确定性、外商直接投资和技术进步冲击的影响。而第三产业依然会受经济政策不确定性的影响，也表

现出非线性倒"U"型特征。

从回归数值大小上看,这一非线性特征和分国有企业主导行业和非国有企业主导行业样本回归结果接近,介于周期性行业样本和总样本回归结果之间。经济政策不确定性对第三产业的影响中,技术进步同样能起到显著的正向调节作用,随着技术进步的提高,技术进步能够在经济政策不确定性较低时促进行业产出,在经济政策不确定性水平较高时降低 EPU 对行业产出的不利影响。

6.4 本章小结

为了弥补现有文献研究经济政策不确定性尚未涉及行业层面的不足以及忽略经济政策不确定性对产出非线性影响的缺憾,同时,为考虑技术进步在经济政策不确定性影响经济增长中的调节作用,本章运用调节效应研究方法,依据第 5 章的实证结果对模型进行具体设定,以 2005~2017 年细分行业层面的面板数据对经济政策不确定性的影响进行实证研究,并分样本探讨了经济政策不确定性对不同类型行业产出的非线性影响及技术进步的调节作用。得出的结论如下所述。

(1)行业整体层面,经济政策不确定性对行业产出具有显著的倒"U"型非线性影响。技术进步在经济政策不确定性影响行业产出中具有正向调节效应,技术进步在经济政策不确定性较低时能够促进行业产出,在经济政策不确定性指数较高时能够降低经济政策波动带来的不利影响。

(2)分国有企业主导行业与非国有企业主导行业的子样本回归结果表明,随着经济政策不确定性的增大,经济政策不确定性对行业产出先促进后抑制的影响依旧显著,但技术进步的调节效应只在国有企业主导的行业中存在。从行业比较来看,经济政策不确定性对非国有企业主导行业产出的影响大于国有企业，国有企业主导行业面临经济政策波动表现得更为平稳。

（3）分周期性行业和非周期性行业的比较研究发现，经济政策不确定性对周期性行业产出的影响表现为显著的倒"U"型特征，但不存在技术进步的调节效应。经济政策不确定性对非周期性行业产出的影响不显著，但会和技术进步共同作用于行业产出。

（4）三大产业分样本比较研究表明，经济政策不确定性对第三产业行业产出的影响表现为倒"U"型特征，技术进步在其中能够起到正向调节作用，但经济政策不确定性对第一、第二产业产出的影响不显著，技术进步也无调节效应。

| 第 7 章 |

经济政策不确定性下宏观调控政策对
产出和技术进步影响的有效性研究

熨平经济波动是政府宏观调控的核心任务，货币政策和信贷政策是中央银行进行宏观调控的主要手段。货币政策主要通过控制货币供应量来实现对社会总需求的调节，进而作用于产出。宏观调控政策的功能在于通过调整货币政策或信贷政策以达到既定经济目标。然而，如果受到某种条件限制而使宏观调控政策调整力度不足，那么宏观调控政策的有效性必将受损。现有研究关于不确定性环境下的有效性问题主要集中在货币政策方面。巴喜乐等（Balcilar et al.，2017）研究发现，美国政策的变化会影响欧元区货币政策的有效性，当美国政策不确定性较低时，欧元区货币政策对产出和价格的影响较为显著。奥斯维等

（Aastveit et al.，2017）研究表明，当不确定性较大时，美国货币政策冲击对经济活动的影响较小，符合理论上的"实物期权"效应，这也证明了货币政策在高不确定性环境下有效性可能会降低。佩莱格里诺（Pellegrino，2018）使用非线性交互 VAR 模型研究了欧洲不确定性水平是否影响欧元区货币政策冲击的有效性，研究发现，货币政策冲击在低不确定性下的冲击效果高于高不确定性时期。类似地，卡列罗等（Carriero et al.，2018）、刘旸和杜萌（2020）对经济不确定性与货币政策有效性之间的影响关系展开了研究，同样得出了不确定性会影响货币政策的有效性。在相关研究中，一些学者将宏观经济不确定性视为外生冲击，然而宏观经济不确定性具有强烈的逆周期性特征，且经济衰退往往伴随着经济不确定性增加，因而把与经济衰退相伴的宏观经济不确定性完全视为外生变量是值得探讨的。同时，佩莱格里诺（2018）、卡列罗等（2018）采用股市波动率等单一指标作为宏观经济不确定性的代理指标，难以反映宏观经济不确定性的整体情况。此外，现有研究也缺乏对不确定性环境下信贷政策有效性的讨论。

随着市场经济的发展和利率传导渠道的完善，数量型货币政策的调控作用已大幅下降，中国货币政策框架正逐渐由数量型向价格型转变。而信贷政策根据国家发展战略和产业政策等对特定对象提供信贷支持或信贷约束，进而达到调整经济结构的功能。中国资本市场尚不完善，融资困难仍是众多企业面临的重要问题，尤其对于中小企业来讲，通过向银行贷款是获取资金的主要方式，信贷政策的调整会对市场产生重要影响。在当前不确定因素繁多的市场环境下，稳增长和调结构是维持未来中国经济发展的突破口。经济政策不确定性在给经济运行带来压力的同时，也加大了宏观调控政策的选择和操作难度。同时，已有研究发现经济政策不确定性对宏观经济具有非线性影响（诺达利，2014；张玉鹏和王茜，2016）。因此，不同不确定性环境下的宏观调控政策可能也存在异质性。这便让我们产生了如下疑问：宏观调控政策在不同不确定性环境下的作用效果如何，是否也存在差异性，即面临不同程度的经济政策不确定性，货币政策和信贷政策有效性如何？同时这两种调控政策在产出和技术进步方面的政策效果是否存在异同？厘清这些问题不仅能够丰富现有研究，也能够为宏观调控政策的制定提供实证参考。

　　对于上述问题的探讨，本章将通过构建相应的计量经济学模型进行实证分析。具体地，通过构建时变参数向量自回归模型（TVP－VAR），先检验分析货币政策和信贷政策在短期、中期和长期对产出和技术进步影响的时变效应，然后讨论不同经济政策不确定性下，货币政策和信贷政策作用于产出和技术进步的差异性，最后，用反事实分析的方法，对相关结论进行简化模拟再检验。

7.1　宏观调控政策的有效性分析

　　促进经济增长、维持物价稳定、增加就业和保持国际收支平衡是政府宏观调控的四大目标，为了适应不同时期的发展特征，调控政策会在不同目标之间进行切换。就本书而言，本章主要关注价格型货币政策和信贷政策对产出和技术进步的作用。

7.1.1　价格型货币政策的有效性

　　在非理性预期的情况下，货币政策是非中性的，货币政策的调整能够对宏观经济起到调节作用。而金融发展和市场经济的完善又使得利率工具逐渐成为央行货币政策调控的主要手段。一方面，央行可以通过调节利率改变经济主体的借贷成本，借贷成本的变化进而引起投资需求的变动。投资需求在中国经济社会总需求中占有较高的比重，也是连接货币政策和总需求的纽带，投资需求的变化将显著影响总需求。最后，产出水平也将因总需求变动而发生改变。另一方面，研发活动的高融资和高调整成本要求企业具有足够的资金保障，由市场利率变动引起的企业可贷资金变化势必会影响到企业在研发投入、设备技术更新、人员更替等方面的资金分配，这一过程也会对技术进步带来影响。许晨曦等（2015）的研究验证了这一点，研究发现货币政策会显著影响企业研发投入，紧缩的货币政策会减少企业的研发活动。

7.1.2　信贷政策的有效性

信贷政策作为央行调控宏观经济运行的另一个重要手段，根据国家宏观经济政策、产业政策和财政政策等制定，是实现金融结构贷款定向投放的主要措施。信贷政策在改善信贷结构、调整产业结构、增加特定领域要素配给和重要战略实施中扮演着重要角色。一般认为信贷政策在短期具有产出效应，但由于信贷政策是对特定行业或产业的定向扶持或约束，本质上是一种歧视性政策，这就有可能降低市场经济资源配置的有效性，从而降低产出效率。此外，信贷政策的制定和实施过程，需要各级部门协调配合，部门间的逐级传导不仅耗时多，而且不同部门对政策的认知程度也有所差异，这往往会导致信贷政策实施效果达不到预期。现有研究关于信贷政策对产出和技术进步影响的结论也存在争议。谢婷婷和刘锦华（2019）研究认为，绿色信贷不仅有利于绿色产出增长，而且能够实现绿色技术进步。吕承超和王媛媛（2019）研究表明，信贷失衡虽然会对部分高效率企业创新产出带来负面影响，但有助于融资能力强的低效率企业实现技术创新，从而提升整体社会的技术创新产出。然而，刘金全等（2019）则研究发现，信贷规模的扩张对宏观经济的推动作用有限，合理控制信贷增速才有利于实体经济的发展。潘海峰和张定胜（2018）研究表明，短期信贷和产出之间呈负相关，中长期信贷则同产出关系不显著。

7.1.3 经济政策不确定性下宏观调控政策的有效性

经济政策不确定性会给市场参与者带来信息不对称和信息不完全等问题。面临不确定性时，金融机构对企业的贷款用途和企业投资项目的评估变得更加困难，银行等贷款机构将变得更加谨慎，出于风险防范，会提高信贷息差水平，引起企业贷款成本上升；同时，不确定性的增加会导致投资风险的加剧，根据实物期权理论，投资者出于"谨慎投资"很可能会推迟投资决策。上述两方面因素将使得经济政策不确定性下投资需求对利率变动的敏感性下降，货币政策的宏观调节作用会减弱。虽然中国高度集权的政治构架在很大程度上推动了经济的高速增长，并且对经济政策不确定性的产出效应具有决定性影响（张玉鹏和王茜，2016），但宏观调控政策的变动本身就是经济政策不确定性的重要来源，政策的调控效果会大打折扣。邦恰尼和罗伊（Bonciani and Roye，2016）研究表明，由于利率黏性的存在，不确定性会通过信贷摩擦对经济活动产生影响，从而降低货币政策的有效性。苏治等（2019）研究发现，不确定性不会改变货币政策的作用方向，但会削弱货币政策的有效性，而这种效果在 2008 年后更加明显。信贷政策方面，面对不确定性市场环境，政府为了拉动经济增长，会策略性地给某些行业企业提供低成本贷款或资金扶持，这一过程带来产出增长的同时也可能会造成效率下降，因此，信贷政策的制定和执行对决策者具有较高的要求。何国华和邬飘（2020）研究表明，经济政策不确定性会减弱银行的风险承担和信贷增速，而中国国有银行则倾向于承担风险。郑忠华和李清彬（2020）研究发现，经济政策不确定性会通过影响中长期贷款传导至经济波动。

7.2 TVP–VAR 模型的构建和变量说明

鉴于经济政策不确定性对经济增长的非线性影响，本章采用时变参数向量自回归模型（TVP - VAR）来分析不确定性下宏观调控政策的有效性，该模型能够刻画宏观调控政策对产出和技术进步的时变效应和非线性特征，也能够反映调控政策在短期、中期和长期中的作用效果。

7.2.1　TVP - VAR 模型构建

TVP - VAR 模型最早由中岛等（Nakajima et al.，2011）提出，该模型将随机波动引入时变 VAR 当中，是基于结构向量自回归模型（SVAR）构建的。基本的结构向量自回归模型可以写成以下形式：

$$Ay_t = F_1 y_{t-1} + \cdots + F_s y_{t-s} + \mu_t, t = s + 1, \cdots, n \qquad (7-1)$$

其中，y_t 为 $k \times 1$ 维变量向量，k 是 $k \times k$ 维参数矩阵，$F_1, \cdots, F_s$ 是 $k \times k$ 维系数矩阵，u_t 是 $k \times 1$ 维随机扰动项，假设 $\mu_t \sim N\left(0, \sum \sum\right)$，$\sum$ 为对角矩阵，满足：

$$\sum = \begin{bmatrix} \sigma_1 & 0 & \cdots & 0 \\ 0 & \ddots & \ddots & \vdots \\ \vdots & \ddots & \ddots & 0 \\ 0 & \cdots & 0 & \sigma_k \end{bmatrix} \qquad (7-2)$$

对 SVAR 模型进行乔利斯基约束，那么，参数矩阵 A 是下三角矩阵，表示为：

$$A = \begin{bmatrix} 1 & 0 & \cdots & 0 \\ a_{21} & \ddots & \ddots & \vdots \\ \vdots & \ddots & \ddots & 0 \\ a_{k1} & \cdots & a_{k,k-1} & 1 \end{bmatrix} \qquad (7-3)$$

对式（7-1）两边同时乘以 A^{-1}，可以将 SVAR 模型改写成：

$$y_t = B_t y_{t-1} + \cdots + B_s y_{t-s} + A^{-1} \sum \varepsilon_t, \varepsilon_t \sim N(0, I_k) \qquad (7-4)$$

这里，$B_i = A^{-1}F_i$，$i = 1,2,\cdots,s$。把全部 B_i 合并成 $k^2s \times 1$ 维向量 β，并定义 $X_t = I_s \otimes (y_{t-1},\cdots,y_{t-s})$，$\otimes$ 表示克罗内克乘积，式（7-4）可以简化为：

$$y_t = X_t\beta + A^{-1}\sum\varepsilon_t, \varepsilon_t \sim N(0,I_k) \qquad (7-5)$$

接着令所有的参数都是时变的，那么式（7-5）则可写成：

$$y_t = X_t\beta_t + A_t^{-1}\sum{}_t\varepsilon_t, \varepsilon_t \sim N(0,I_k) \qquad (7-6)$$

进而，β_t、A_t、$\sum_t$ 都是时变的。同时，假定时变参数服从随机游走：$\beta_{t+1} = \beta_t + \mu_{\beta t}$，$\alpha_{t+1} = \alpha_t + \mu_{\alpha t}$，$h_{t+1} = h_t + \mu_{ht}$，$h_{i,t} = \log_{\sigma_{it}}^2$。其中，$i = 1,\cdots,k$，$\beta_{t+1} \sim N(\mu_{\beta 0}, \sum_{\beta 0})$，$\alpha_{t+1} \sim N(\mu_{\alpha 0}, \sum_{\alpha 0})$，$\beta_{t+1} \sim N(\mu_{h0}, \sum_{h0})$，且 ε_t、$\mu_{\beta t}$、$\mu_{\alpha t}$ 和 μ_{ht} 满足：

$$\begin{pmatrix} \varepsilon_t \\ \mu_{\beta t} \\ \mu_{\alpha t} \\ \mu_{ht} \end{pmatrix} \sim N\left(0, \begin{pmatrix} i & 0 & 0 & 0 \\ 0 & \sum_\beta & 0 & 0 \\ 0 & 0 & \sum_\alpha & 0 \\ 0 & 0 & 0 & \sum_h \end{pmatrix}\right) \qquad (7-7)$$

进一步假定时变参数 β_t、α_t 和 h_t 在受到新息冲击时是不相关的，$\sum_\beta$、$\sum_\alpha$ 和 $\sum_h$ 是时变的。在上述假定条件下，可以通过 MCMC 过程对模型中的时变参数进行贝叶斯估计，进而进行变量间的脉冲响应分析。

7.2.2 变量说明

本章在进行 TVP-VAR 模型分析时选取变量的时间跨度为 2003 年第二季度至 2017 年第四季度。模型中的变量主要包括：（1）产出增长率（*OGR*），选择实际季度 GDP 作为产出的代理变量，对 GDP 数据进行季节调整后取对数值,通过对数差分的方式获得 GDP 季度数据的同比增长率。(2)技术进步(TFP),根据第 5 章的方法获得中国全要素生产率的季度数据,对其进行对数处理后作为技术进步指标。(3)经济政策不确定性指数(EPU),根据贝克(2016)研究发布的中国经济政策不确定性指数,利用加权平均方法获得中国季度经济政策不确定性指标,进行 HP 滤波处理后获得其趋势分离数据。(4)利率(R),采用中国银行间同业拆借利率的月度数据加权成季度数据作为价格型货币政策的代理变量,并进行 HP 滤波处理。(5)信贷规模(RGL)。由于信贷总量与货币政策最终目标变量之间有很高的相关性,本书同张玉鹏和王茜(2016)一样,选用银行机构贷款总额增长率作为信贷规模指标(取对数后差分),用以反映信贷政策的变化。上述基础数据除 TFP 外均来源于国家统计局和 WIND 数据库。按上述说明处理后变量的描述性统计和平稳性检验结果分别如表 7 - 1 和表 7 - 2 所示。

表 7 - 1   变量描述性统计

项目	OGR	TFP	EPU	R	GRL
均值	0.1283	-0.0028	0.0000	0.0000	0.0367
中位数	0.1213	0.0060	-10.5627	0.0137	0.0350
最大值	0.2139	0.8385	237.2913	1.1243	0.1083
最小值	0.0632	-0.9213	-111.9176	-1.5787	0.0088
标准差	0.0441	0.3278	70.0183	0.6855	0.0161
偏度	0.1926	-0.2087	0.9468	-0.2314	2.0295
峰度	1.8092	4.2718	4.1331	2.4509	9.7242
J-B 统计量	3.8505	4.4043	11.9712	1.2675	151.6545
P 值	0.1458	0.1106	0.0025	0.5306	0.0000
观测值	59	59	59	59	59

表 7 - 2   数据平稳性检验结果

变量	检验类型	ADF 统计量	P 值
OGR	(c, 0, 0)	− 3. 1235	0. 0303
TFP	(0, 0, 6)	− 6. 7268	0. 0000
EPU	(0, 0, 0)	− 3. 6447	0. 0005
R	(0, 0, 0)	− 2. 9300	0. 0041
GRL	(c, 0, 4)	− 2. 9544	0. 0458

注：检验类型（c, t, k）中的 c、t、k 分别表示检验时带有常数项、时间趋势项和滞后期数，括号中 0 表示无对应检测项。

7.3 实证结果分析

目前 TVP - VAR 模型中可执行变量的数量最多为 4 个，尚不能扩展到 5 个及以上，而本章加入宏观调控政策变量后所含核心变量有 5 个，因此，在实际分析时，先讨论变量顺序为 "*OGR*、*TFP*、*R*、*EPU*" 时价格型货币政策的有效性，然后分析变量顺序为 "*OGR*、*TFP*、*GRL*、*EPU*" 时信贷政策的有效性。

7.3.1 TVP - VAR 模型参数估计

对变量顺序为 "*OGR*、*TFP*、*R*、*EPU*" 和变量顺序为 "*OGR*、*TFP*、*GRL*、*EPU*" 的 TVP - VAR 模型分别进行参数估计，参数估计结果如表 7 - 3 和表 7 - 4 所示。

表 7 – 3 价格型货币政策有效性参数估计结果

参数	均值	标准差	95%置信区间	CD 统计量	无效率因子
$\left(\sum_\beta\right)_1$	0.0022	0.0001	(0.0021, 0.0024)	0.096	1.41
$\left(\sum_\beta\right)_2$	0.0022	0.0001	(0.0021, 0.0024)	0.401	1.39
$\left(\sum_\alpha\right)_1$	0.0055	0.0017	(0.0033, 0.0099)	0.671	15.88
$\left(\sum_\alpha\right)_2$	0.0055	0.0016	(0.0034, 0.0096)	0.104	17.74
$\left(\sum_h\right)_1$	0.0057	0.0017	(0.0034, 0.0102)	0.228	21.04
$\left(\sum_h\right)_2$	0.0056	0.0016	(0.0034, 0.0096)	0.011	13.63

表 7 – 4 信贷政策有效性参数估计结果

参数	均值	标准差	95%置信区间	CD 统计量	无效率因子
$\left(\sum_\beta\right)_1$	0.0023	0.0002	(0.0019, 0.0026)	0.007	1.84
$\left(\sum_\beta\right)_2$	0.0023	0.0002	(0.0019, 0.0027)	0.942	1.5
$\left(\sum_\alpha\right)_1$	0.0056	0.0016	(0.0034, 0.0094)	0.026	6.97
$\left(\sum_\alpha\right)_2$	0.0054	0.0015	(0.0034, 0.0092)	0.09	13.74
$\left(\sum_h\right)_1$	0.0056	0.0017	(0.0034, 0.0098)	0.791	20.16
$\left(\sum_h\right)_2$	0.0057	0.0016	(0.0035, 0.0097)	0.285	19.05

由表7-3和表7-4的参数估计结果可知，模型中所选择的参数基本满足收敛于后验分布的假设，变量的无效率因子也很低（极值分别为21.04和20.16），说明抽样过程可以产生足够多的不相关样本，模型参数估计结果较为有效。

7.3.2 价格型货币政策对产出和技术进步影响的有效性

7.3.2.1 产出和技术进步对利率冲击的短、中、长期响应

根据各个时点的脉冲响应情况，本章把变量受冲击后的 4 期、8 期、12 期的脉冲响应分别定义为短、中、长期效应，以此来反映宏观调控政策对产出增长和技术进步在调控期内不同阶段的影响。图 7 - 1 和图 7 - 2 分别为产出增长和技术进步对利率冲击在短、中、长期的脉冲响应。

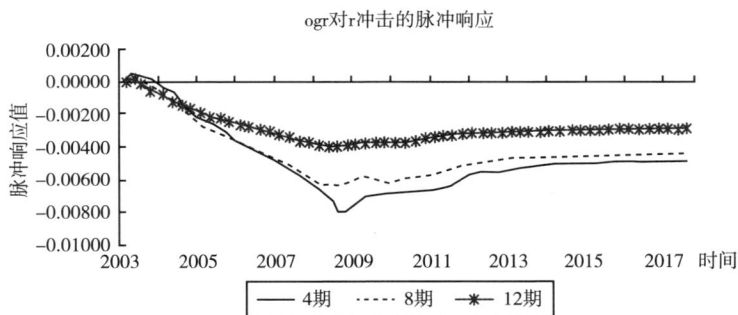

图 7 - 1 产出增长对利率冲击在短、中、长期的脉冲响应

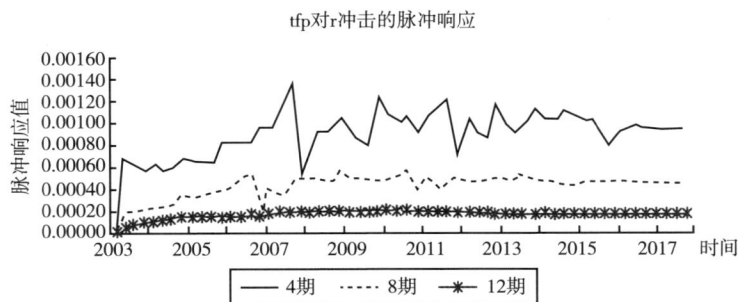

图 7 - 2 技术进步对利率冲击在短、中、长期的脉冲响应

由图 7-1 产出增长对利率冲击的响应情况可知，对于利率一单位标准差新息的正向冲击，在整个样本期内产出增长的响应值均为负，表明在经济政策不确定性环境下，价格型货币政策对产出增长的影响方向并未发生偏离。该结果同苏治等（2019）的研究结论一致，研究认为不确定性环境下货币政策对宏观经济的作用方向不会改变。从整体响应值大小上看，价格型货币政策的调控效果具有时变效应，价格型货币政策的调控作用是逐渐增强的，相比于 2006 年之前，2006 年之后的响应值的绝对值更大，这也表明，随着市场经济的发展和金融体系的不断完善，中国货币政策框架正逐渐由数量型向价格型偏移，这也正是货币政策体系逐渐完善的体现。然而，可以发现利率政策的调控效果在 2009 年前后表现最佳，之后逐渐趋于稳定，主要原因在于金融危机下的不确定性会增加市场参与者对未来经济的预期难度，宏观调控政策中的利率工具能够有效发挥作用。

从产出增长受利率冲击的短、中、长期效应来看，短期响应曲线位于负半轴的最下方，中期和长期响应曲线在短期响应曲线之上，这说明价格型货币政策对产出增长作用的短期效应最明显，随着时间的推移，作用效果逐渐降低，表明不确定性下利率政策的及时调整能够较好地稳定产出增长。

由图 7-2 技术进步对利率冲击的响应情况可知，样本期间技术进步的响应曲线均位于正半轴，说明不确定性下利率的上升有助于技术进步的提升。一方面，不确定性环境下落后产业和效率低下的企业生存难度更大，相比于正常企业更难获得银行的贷款支持，不确定性带来的融资难度上升更有助于市场淘汰落后的企业，保留更加优质的企业。另一方面，虽然不确定性可能通过"实物期权"效应影响企业的投资行为，但面临不确定性时，正常企业也可能通过增加研发投入谋求自身发展（孟庆斌和师倩，2017）。此外，不确定性还可能会对企业产生创新激励和选择效应（顾夏铭等，2018）。上述因素的存在使得利率上升对技术进步产生正向促进作用。

从图 7-2 中也可以发现，技术进步对利率冲击的反应在短、中、长期存在明显的差异。技术进步对利率冲击的响应在长期趋于 0,且在不同年份响应值一致,表现为非时变性。在利率变动的冲击下,技术进步在中期的响应值高于长期,表现出轻微的时变性。但在短期内,不确定性下技术进步对利率冲击则表现出明显的时变性,影响效果明显高于中长期,说明价格型货币政策对技术进步的影响在短期较为明显。值得注意的是,在短期效果中,2008 年金融危机下利率的上升对技术进步的正向作用最差,原因可能是金融危机的冲击不仅对低效率和落后企业具有加速淘汰的作用,也会对正常企业的生产经营活动带来影响,即金融危机对市场具有普遍杀伤作用,从而降低整体技术进步。

7.3.2.2 特定时点产出和技术进步对利率冲击的响应

在第 5 章的实证分析中发现,不同程度的经济政策不确定性对产出和技术进步的影响存在较大差异。根据经济政策不确定性指数的波动特征,本章选取 2006 年第四季度、2012 年第一季度和 2017 年第一季度三个时间点分别作为低、中、高程度经济政策不确定性的代表,用以分析不同程度不确定性下宏观调控政策的有效性。实际上,上述三个时间点所处时间前后的不确定性指数较为接近,而且在三个时间点附近的实证结果与对应点的实证结果也是相近的。特定时点产出增长和技术进步对利率冲击的响应如图 7-3 和图 7-4 所示。

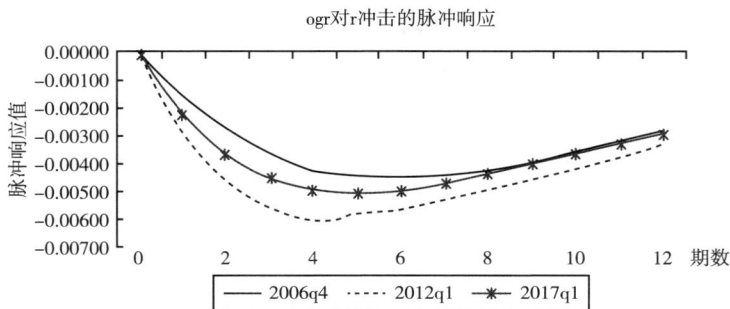

ogr对r冲击的脉冲响应

图 7-3 特定时点产出增长对利率冲击的响应

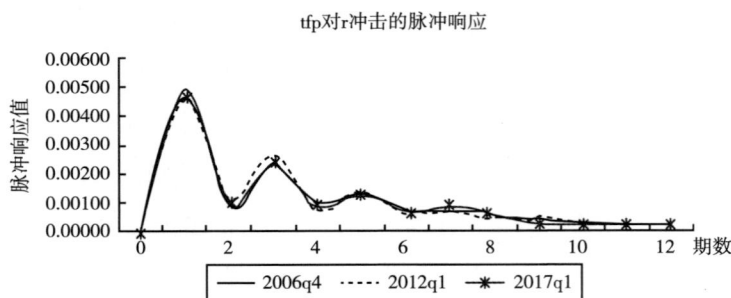

图 7-4　特定时点技术进步对利率冲击的响应

从图 7-3 中可以看到，对利率一单位标准差新息的正向冲击，产出增长的表现为负，说明即使不确定性环境不同，利率上升对产出增长的作用也都为负。从波动幅度上看，产出增长脉冲响应曲线变动从大到小依次为2012 年第一季度、2006 年第四季度和 2017 年第一季度，这说明价格型货币政策的有效性在不确定性指数较低时的有效性低于不确定性程度较高时的有效性，而在中等程度经济政策不确定性下利率对产出增长的调控作用是最强的。在前面的分析中也可以发现，2009 年前后利率变动对短期产出的作用最为明显，实际上此时的不确定性指数也较为接近样本期间经济政策不确定性的均值。此外，三条脉冲响应曲线具有相似的收敛特征，均在第 4 期附近达到响应绝对值的最大值，并在长期收敛于 -0.003附近。

由图 7-4 中特定时点技术进步对利率冲击的响应可知，对于利率一单位标准差新息的正向冲击，技术进步能够获得提升，图 7-4 中可以明显看到三个时点的特定脉冲响应函数近乎重合在一起，具有相同的波动特征。受到利率正向冲击后，技术进步在第 1 期达到最大值（0.0048），随后波动下降，并在第 12 期收敛为 0。

7.3.3　信贷政策对产出和技术进步影响的有效性

7.3.3.1　产出和技术进步对信贷冲击的短、中、长期响应

同分析价格型货币政策一样，在分析信贷政策冲击对产出和技术进步的影响时，本章也绘制了信贷冲击性下产出增长和技术进步在短、中、长期的脉冲响应。具体如图 7 - 5 和图 7 - 6 所示。

图 7 - 5　产出增长对信贷冲击在短、中、长期的脉冲响应

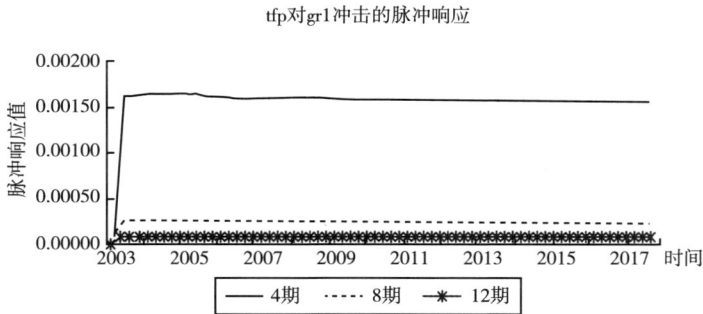

图 7 - 6　技术进步对信贷冲击在短、中、长期的脉冲响应

图 7 - 5 为产出增长对信贷增长的脉冲响应。对信贷增长一单位标准差新息的正向冲击，产出增长在整个样本期间显著为正，说明信贷增长有利于带

动产出的增长。信贷增加有利于缓解企业的融资约束，投资需求的增加带动总需求的增加，从而促进产出的增长。同价格型货币政策调控效果不同的是，产出增长对信贷增长冲击的响应整体趋于稳定，表现为线性特征。这说明不同不确定性下，信贷增长对产出增长的作用都是一致的，不会随着不确定性变化而产生异质性效果。从产出增长在短期、中期和长期的响应幅度上看，短期曲线最高，其次是中期曲线，最后是长期曲线，这表明信贷增长对产出增长的拉动主要体现在短期，这一拉动作用在整个样本期内的中长期是逐渐下降的。

技术进步对信贷冲击的响应方面，图 7 - 6 中对信贷增长一单位标准差新息的正向冲击，技术进步在 4 期、8 期和 12 期均显著为正，表明信贷增长在对应响应期内有利于促进技术进步。区别于利率的变动，信贷增长对技术进步的作用不存在时变效应，且无论是信贷增长作用的短期、中期还是长期都是线性的。此外，信贷增长对技术进步的正向影响主要还是体现在短期，中期影响较弱，而在长期响应值趋近于 0，说明信贷增长对技术进步无长期影响。然而，上述结论是否在所有时期内都稳健，还得结合后面不同时点技术进步对信贷冲击的脉冲响应情况进行检验，不幸的是，信贷增长对技术进步影响为正的结论并不稳健，具体见后面的分析。

7.3.3.2 特定时点产出和技术进步对信贷冲击的响应

为了了解不同时点下信贷冲击对产出和技术进步的影响是否存在差异，图 7 - 7 和图 7 - 8 给出了产出增长和技术进步对信贷冲击在不同时点的脉冲响应情况。

从特定时点产出增长对信贷增长冲击的响应来看，本书所选三个时点产出增长对信贷增长的响应显著为正，说明信贷增长能够促进产出增长的宏观调控效应是稳健的。三条脉冲响应曲线接近完全重合，说明不同经济政策不确定性环境下，产出增长对信贷增长冲击的效应相同，同时也说明信贷增长

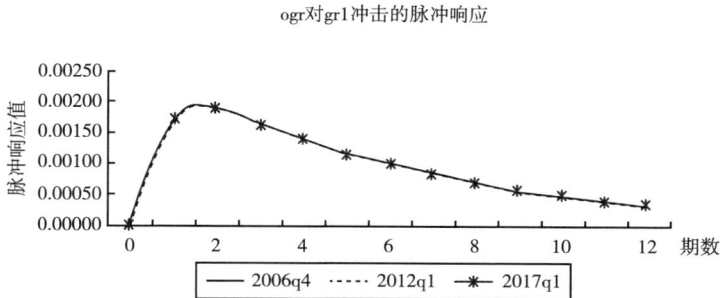

图 7 - 7　特定时点下产出增长对信贷冲击的脉冲响应

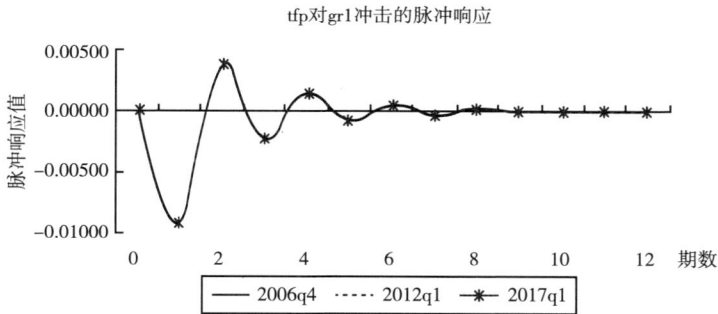

图 7 - 8　特定时点下技术进步对信贷冲击的脉冲响应

对产出的影响不存在时变效应。具体来看，产出增长受信贷增长一单位标准差新息冲击后，不同不确定性环境下，产出增长从 0 期开始上升，在第 2 期达到最大响应值（0.0019），之后逐渐下降，直至 12 期后收敛于稳定状态（0.0003）。

　　不同时点信贷增长冲击对技术进步的作用方面，同产出增长对信贷增长类似，三个时点的脉冲响应函数同样重合在一起，说明信贷增长对技术进步的影响不存在时变效应。值得注意的是，受信贷增长的冲击后，技术进步的响应值在 0 值上下震荡，在第 1 期达到最大负响应值（-0.0091），而在第 2 期达到最大正响应值（0.0039），随后来回震荡收敛至 0。这表明，经济政策不确定性环境下信贷政策对技术进步的作用不显著，不确定性环境下信贷政策对技术进步的影响需要进一步检验。

7.3.3.3 信贷调控对产出增长和技术进步影响的进一步讨论

为了进一步检验不确定性环境是否会影响信贷政策的调控效果以及分析信贷冲击对技术进步的作用方向，本章参照张玉鹏和王茜（2016）反事实研究的思路，简化模型并进行模拟分析。具体来说，先将模型简化为普通无约束 VAR，估计出变量顺序为"OGR、TFP、GRL、EPU"的 VAR 模型，保存正交脉冲响应结果并获得残差的方程—协方差矩阵 $\widehat{\sum}$ 和系数估计矩阵 $\widehat{\Phi}$，接着对 $\widehat{\sum}$ 中与变量 EPU 对应的行和列元素施加零约束条件得到 $\widehat{\sum}_s$，对 $\widehat{\Phi}$ 中与 EPU 对应的行元素（除截距项外的第四行所有估计系数）施加零约束条件得到 $\widehat{\Phi}_s$，然后根据 $\widehat{\sum}_s$ 和 $\widehat{\Phi}_s$ 重新计算得到新的正交脉冲响应函数，最后对比有无约束下脉冲响应函数的差异。如果存在差异则说明不确定性环境会影响信贷政策的调控效果。图 7-9 和图 7-10 分别为有无不确定性环境约束的产出和技术进步对信贷增长冲击的响应。

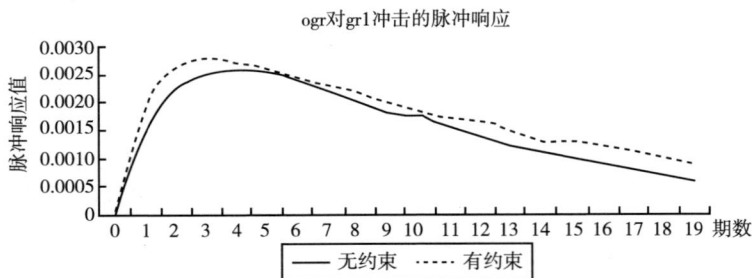

图 7-9　不确定性约束下产出增长对信贷增长冲击的响应

从图 7-9 中可以看出，关闭经济政策不确定性时，信贷增长对产出增长的调控效果更佳（虚线略高于实线），说明不确定性环境会影响信贷政策对

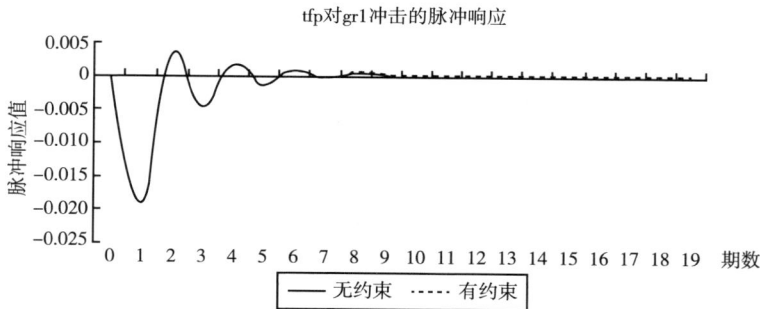

图 7 – 10　不确定性约束下技术进步对信贷增长冲击的响应

产出的调控作用，但影响并不大。图 7 – 10 技术进步对信贷增长冲击的无约束响应曲线和有约束响应曲线相重合，表明不确定性环境并不影响信贷增长对技术进步的作用。技术进步对信贷增长冲击的响应在第 1 期达到最大负值（－0.0191），并在第 2 期达到最大正响应值（0.0032），随后震荡收敛至 0，说明信贷增长对技术进步的总体作用仍不显著。出现这一结果的原因可能在于以下两方面。一是信贷市场化程度同经济发展水平存在正相关，在信贷市场化不断完善的过程中，地方政府很可能会干预信贷资金的流向（王珏等，2015；李广子和刘力，2020），引导资金流入与政府关联程度更高但创新效率更低的国有企业，或是盲目发展落后产业，造成低水平的重复建设，从而降低信贷资金的资源配置效率；二是以往房地产行业的快速发展，在高收益高回报的驱动下，大量信贷资金直接或间接流入了房地产行业，不仅挤占了制造业的投资规模，加大了制造业的生存难度，也造成了价格扭曲，降低了市场资源的配置效率（罗知和张川川，2015）。综上，这些因素将导致信贷规模对技术进步的影响不显著。

7.4　本章小结

为了厘清经济政策不确定性环境下宏观调控政策的有效性，本章在进行宏观调控政策有效性分析后，运用中国 2003 年第二季度到 2017 年第四季度数据，通过构建 TVP – VAR 模型和反事实分析方法研究了价格型货币政策和信贷政策在不确定性环境下对产出和技术进步调控的有效性。研究结果如下所述。

（1）不确定性环境下价格型货币政策对产出的作用方向没有发生改变，利率上升对产出的作用为负，且这种冲击作用在短期强于中长期；利率上升对技术进步的作用为正，作用强度同样是在短期较为明显，中长期较弱；不确定性下利率变动对产出和技术进步的调控作用具有时变性，中等程度不确定性下价格型货币政策对产出的作用较强。

（2）经济政策不确定环境下，信贷增长能够促进产出增长，信贷增长对产出增长的调控作用主要体现在短期；信贷增长对产出增长和技术进步的作用不存在时变效应；TVP – VAR 模型下，信贷增长对技术进步的影响不显著。进一步采用反事实分析方法研究表明，不确定性环境会降低信贷政策对产出增长的调控作用，但影响并不大；总体上看，信贷增长对技术进步的影响不显著。

| 第8章 |

研究结论、建议与展望

　　近年来，在全球经济增长乏力，国内外经济政策不稳定因素频发的背景下，经济政策不确定性对宏观经济增长和波动的影响备受关注。技术进步是经济增长的动力源泉，体现了经济增长的效率，探讨经济政策不确定性对技术进步和产出的影响具有重要意义。探究这一新命题，既要寻求理论上的指导，也要寻求研究方法上的创新。在理论方面，本书基于新古典增长理论、内生增长理论、新熊彼特增长理论和统一增长理论论述了技术进步在经济增长理论中的核心地位；在总结国家干预理论的基础上，阐述了政府行为是经济政策不确定性的重要来源；从实物期权理论和外在融资溢价理论分析了经济政策不确定性对产出和技术进步的作用过程。在研究方法方面，本书较为全面地介绍了非线性格兰杰因果关系检验方法和全局向量自回归模型，并将全局向量自回归模型与非参数计量经济学模型相结合，提出了半参数全局向量自回归模型，并给出了具体的估计方法。在实证研究方面，本书对经济政策不确定性进行了统计分析和国际关联特征分析，将技术进步对产出增长的影响进行了跨国比较和省域对比分析，并对经济政策不确定性、技术进步和产出进行了非线性关系检验。同时，运用全局向量自回归模型和半参数全局向量自回归模型从国际层面和国内区域空间层面研究了经济政策不确定性对产出和技术进步的影响；运用面板数据调节效应分析方法研究了经济政策不确定性对产出的影响及技术进步的调节作用。上述研究丰富了现有研究成果，也弥补了现有研究的不足和缺陷，得到了一些有意义的结论。

8.1　主要研究结论

（1）对经济政策不确定性、技术进步与产出增长的特征分析主要得到以下结论。

第一，中国经济政策不确定性的异常波动同当期国内外经济大事件和经济政策的频繁调整有直接关联，大体上经济政策不确定性表现出典型的逆经济周期特征；全球化使得各国经济、政治和文化紧密交织在一起，全球、中国和美国经济政策不确定性指数长期保持着相似的同步波动特征，但中国经济政策不确定性指数在 2015 年后相比美国和全球有更高的上升趋势，欧元区部分国家之间和金砖国家之间在经济政策不确定性方面分别具有类似的同步波动情况；以 12 个经济体国家为样本的研究表明，经济政策不确定性具有较强的国际关联特征，部分经济体国家的经济政策不确定性有 47% 是由其他国家的经济政策波动引起的，美国是全球最大的经济政策不确定性溢出国，虽然中国经济政策具有较强的独立性，但受美国经济政策不确定性的影响较大。

第二，从不同国家全要素生产率对产出增长的贡献上看，大部分发达国家全要素生产率对产出增长的贡献为正，虽然中国有着较高的经济增速，但全要素生产率对产出增长的贡献平均为负；从中国整体全要素生产率的比较上看，中国整体全要素生产率在 2012 年之后表现出下滑趋势，其对产出增长的贡献开始由正变负；在全要素生产率的省际比较上，中国整体全要素生产率水平较低，仅有少数省份全要素生产率对产出增长的贡献为正，此外，全要素生产率还表现出较大的区域差异，东部地区全要素生产率高于中部和西部地区。

第三，经济政策不确定性、产出和技术进步之间协整检验结果表明，这三者之间存在线性关系。同时，根据残差 BDS 检验和非线性格兰杰因果关系检验，经济政策不确定性对产出和技术进步还存在非线性影响。

（2）为进一步厘清经济政策不确定性的国际传导特点以及分析不同国家经济政策不确定性对产出和技术进步的影响，建立了包含全球 19 个国家的全局向量自回归模型，实证结果如下所述。

第一，美国经济政策不确定性对发达国家经济政策不确定性的传导较强，对中国和印度的经济政策不确定性影响较弱。中国经济政策不确定性对其他国家如印度、日本和美国等也有正向传导，但强度上弱于美国。发展中国家经济政策不确定性更易在发展中国家之间传导，且传导效果不强。

第二，经济政策不确定性对产出和技术进步的影响具有国别差异。发达国家因经济自由化程度高、市场化机制较成熟等，使得自身产出和技术进步更易受到自身经济政策不确定性冲击的影响。发展中国家中国和印度受自身经济政策不确定性冲击的影响较小。中国技术进步及产出水平受自身经济政策不确定性冲击的影响虽然低于发达国家，但技术进步在经济政策不确定性影响产出中所占的比重却同英国和美国较为接近。

（3）根据中国经济政策不确定性对产出和技术进步的非线性影响，且考虑影响在区域空间上的差异。首先,构建了一个内生增长理论模型,表明经济政策不确定性会对人力资本投资回报产生影响,进而作用于产出增长,这一过程具有非线性特征。其次,运用半参数全局向量自回归模型从全局出发利用非参数偏导数图研究分析了中国经济政策不确定性对区域总产出和技术进步的非线性影响,并利用广义脉冲响应函数分析了区域产出和技术进步之间的互动及区域传导效应。主要研究结论如下所述。

第一,经济政策不确定性对东部、中部、西部三大区域产出和技术进步存在非线性影响,且表现出区域差异性。在经济政策不确定性指数低于300时,其对东部、中部、西部三大区域产出的促进或抑制作用均不明显,但随着经济政策不确定性的增大,其对产出表现出较强的抑制效应,且这种偏效应随经济政策不确定性的增大而增大,其中,对东部地区产出增长的抑制效应强于中部和西部地区;在经济政策不确定性指数较低时(小于300),东部和中部地区经济政策不确定性对技术进步存在随着EPU增大而减小的正向促进效应,而西部地区经济政策不确定性对技术进步存在随经济政策不确定性增大而不断增大的负向偏效应。

第二,技术进步具有空间传导效应,三大区域技术进步均能相互促进,发达地区的技术进步空间溢出效应较大,同时,发展较弱地区对其他地区也有反向刺激作用。对应于自身技术进步的冲击,中部地区产出响应值大于西部地区,西部地区大于东部地区;产出对技术进步也有反向促进作用,具体到区域而言,东部地区反向促进作用大于中部地区,中部地区大于西部地区。

第三,经济政策不确定性对投资和出口有非线性影响。经济政策不确定性对东部地区投资的抑制作用更为明显,且随EPU指数的增大而增大,而中部和西部地区只有EPU指数大于300时才表现出较为明显的抑制作用;相比较而言,经济政策不确定性对出口的影响较小,EPU指数大于300时才会对各区域出口产生一定的负向影响,这一特征同样在东部地区表现较明显。

(4)为了考察经济政策不确定性对行业产出的非线性影响和技术进步在

这一过程中的调节作用，利用细分 19 个行业层面的面板数据建立了对应的调节效应模型。实证研究结果如下所述。

第一，总体上，经济政策不确定性对行业产出具有显著的倒"U"型非线性影响，技术进步在经济政策不确定性影响行业产出中具有正向调节效应，技术进步在经济政策不确定性较低时能够促进行业产出，在经济政策不确定性指数较高时能够降低经济政策波动带来的不利影响。

第二，分三类子样本回归结果表明：首先，分国有企业主导行业与非国有企业主导行业的子样本回归发现，随着经济政策不确定性的增长，经济政策不确定性对行业产出的倒"U"型影响依旧显著，但技术进步的调节效应只在国有企业主导的行业存在，且经济政策不确定性对非国有企业主导的行业产出的影响大于国有企业，国有企业主导行业具有较强的抗经济政策不确定性风险能力。其次，分周期性行业和非周期性行业的比较研究发现，经济政策不确定性对周期性行业产出的影响表现为显著的倒"U"型特征，但不存在技术进步的调节效应，经济政策不确定性对非周期性行业产出的影响不显著，但会和技术进步共同作用于行业产出。最后，分三大产业子样本研究表明，经济政策不确定性对第三产业行业产出的影响表现为倒"U"型特征，技术进步在其中能够起到正向调节作用，但经济政策不确定性对第一、第二产业的影响不显著，技术进步也无调节效应。

（5）在全面分析了经济政策不确定性对经济增长影响的基础上，进一步探讨宏观调控政策在不确定性环境下的有效性。本书基于中国 2003 年第二季度到 2017 年第四季度数据，通过构建 TVP－VAR 模型和反事实分析方法研究了价格型货币政策和信贷政策在不确定性环境下对产出和技术进步调控的有效性。研究结果如下所述。

第一，不确定性环境下利率上升对产出的作用为负，且这一负向作用主要体现在短期；利率上升对技术进步的作用为正，作用强度同样是在短期较为明显，而在中长期较弱；不确定性下利率变动对产出和技术进步的调控作用具有时变性，中等程度不确定性下价格型货币政策对产出的调控作用较强。

第二，经济政策不确定性环境下，信贷增长在短期内能有效促进产出增长；信贷增长对产出增长和技术进步的作用不存在时变效应；TVP－VAR模型中信贷增长对技术进步的影响不显著，进一步采用反事实分析方法研究发现，不确定性环境会降低信贷政策对产出增长的调控作用，信贷增长对技术进步的影响仍不显著。

8.2　政策建议

根据上述研究结果，本书认为面对经济政策的波动，既要统筹兼顾国内经济政策不确定性对产出和技术进步带来的影响，也要关注国外经济政策不确定性对内传导引起的不利影响。基于此，本书提出以下政策建议。

首先，在国际层面。(1) 经济全球化将各国紧密相连，各类通信科技日新月异，给各国发展带来机遇的同时也带来了挑战。经济政策变动包含的利好和不利消息均能够实现跨国传导，不利冲击能够在各国内部进行扩散，增加系统性风险。面对经济政策不确定性的国际传导，虽然中国仍属于发展中国家，外部经济政策不确定性对国内经济政策不确定性的传导较弱，但随着中国经济的不断发展，市场开放的加大，市场体制机制的日益完善，国际经济政策不确定性会对中国经济社会的产出和技术进步带来更大的冲击。一方面，中国需要加大改革的力度，释放经济增长的内在动力，增强抗击外部风险的能力；另一方面，中国政府在制定政策时，要关注经济政策变动在各国间可能引起的联动效应，也要分清经济政策不确定性冲击的来源和影响大小，如重点关注美国等发达国家和邻国经济政策变动的影响，有针对性地制定防范政策，稳定经济增长环境。(2) 从技术进步的跨国比较上，需要认清当前中国技术进步水平相对较低，全要素生产率对中国产出增长的贡献率为负。技术进步作为经济增长的动力源泉，中国对内要稳步推进创新驱动发展战略的实施，优化资源的配置，转变经济增长模式，对外需要引进吸收先进管理和生产技术，推动中国经济结构的转型升级，实现更高质量的发展。（3）需要重视技术进步在经济政策不确定性影响产出中的作用。经济政策不确定性不仅会对产出产生直接影响，还会通过技术进步间接影响产出水平。在制定和变更经济政策，以及评估经济政策不确定性的影响时，需要充分考虑经济政策对资源配置和研发投入等可能影响广义技术进步的因素产生的不利影响。

其次，在国内区域层面。（1）由于较低的经济政策不确定性对宏观经济系统的影响较小，行政级别越高的政府机构越应保持经济政策的一致性和连贯性，通过完善市场制度，疏通市场信息传递机制，增强政策信息透明度，降低经济政策变动对经济环境带来的不利影响。（2）在经济政策不确定性较低时，政府应当充当"扶持之手"，规范市场经济秩序，尽力解决因外部性、不完全竞争和市场不完备导致的市场失灵现象，提供良好的公共产品服务，保证市场机制的顺利运行。（3）经济政策不确定性对区域总产出和技术进步存在异质性非线性影响，政府应因地制宜地根据区域自身发展特点和经济政策对区域宏观经济影响制定政策，通过差异化的政策贯彻实施缓解经济政策不确定性带来的不利影响。（4）技术进步作为未来经济持续增长的保障，各地应该因城施策保障创新驱动发展战略各项政策的稳定实施，避免相关政策的异常变动对创新和技术进步造成干扰，同时，要改变"唯GDP"的政绩观，建立基于创新驱动的政府官员激励制度，提升创新失败的容忍度。

再次，在行业层面。根据中国细分 19 个行业的研究结果，可以给出以下政策建议：（1）较低的经济政策不确定性有利于促进行业产出，高经济政策不确定性会阻碍行业产出，各行业应当提高经济政策的有效性和可持续性，从行业源头降低经济政策变动带来的不利影响；制定各类行业政策时，要充分发挥行业协会的作用，通过行业协会向政府传达企业的有效需求，同时根据行业特性协助政府制定和实施行业发展规划、产业政策等，建立良好的行业制度。（2）技术进步在促进行业产出的同时又能够调节经济政策不确定性对行业产出的冲击。各行业应当充分考虑外界环境冲击下的创新战略可持续性，制定阶段性的创新实施方案，减少来自行业内部经营环境或者外部政治环境变化的影响；鼓励微观企业的创新行为，发挥龙头企业在技术创新、管理创新和经营活动创新等方面的示范引领作用，全面稳步提升全要素生产率水平，促进技术进步。

此外，鉴于经济政策不确定性冲击对不同类型行业影响具有较大差异。第一，国有企业主导行业因制度关联和对重要资源的掌握具有较强的抗风险能力，但也因此在长期生产过程中形成了较低的效率水平。在国有企业中实施"政企分离"的市场化改革时，也应当注重技术进步的提升，非国有企业主导行业易受经济政策不确定性冲击的影响，因而需要重点提高自主创新能力，增强抗风险免疫力。第二，经济政策不确定性对周期性行业和第三产业的影响尤为明显，除了通过提升自身抗风险能力之外，政府应当在经济政策不确定性波动较大时给予周期性行业企业政策帮助或者资金扶持，例如，在经济政策不确定性较大的环境下，针对性地实施减税降费政策，降低银行对企业的贷款门槛，缓减企业的外部融资约束。

最后，不确定性环境下宏观调控政策的选择方面。（1）由于经济政策不确定性环境下价格型货币政策对产出的调控作用主要体现在短期，在我国实施"六稳""六保"政策的当下，应该抓住契机，积极实施"价主量辅"的货币政策，引导货币政策逐渐由数量型调控转为价格型调控，完善现代货币政策框架体系。根据不同程度不确定性环境下价格型货币政策对经济增长调控效果的不同，价格型货币政策的执行也应结合不确定性的程度从响应周期、响应幅度和长短期效应方面进行综合评估。（2）不确定性环境下的信贷政策对经济增长不存在时变效应，但信贷增长在促进产出增长时并不能有效促进技术进步，在实现经济目标时应做好信贷政策同其他货币政策和产业政策的协调配合，提升信贷资金的配置效率。

8.3 研究展望

本书力图就经济政策不确定性对经济增长（包含产出和技术进步两方面）的影响进行深入研究。然而，经济政策不确定性的相关研究作为一个较新的研究领域，囿于经济政策不确定性对经济增长影响的复杂性及笔者能力有限，研究仍处于"借鉴和学习"中，本书不免存在诸多不足和值得进一步探究的地方。

（1）在跨国层面的研究上，一方面，限于经济政策不确定性数据的可得性，本书研究虽然选取了全球 19 个国家来构建 GVAR 模型，但 GVAR 作为较大型系统性宏观模型，尽可能纳入更多的国家和地区将使研究结果变得更加丰富。另一方面，GVAR 模型对样本数量有较大的要求，在具体研究中尚不能将与本书研究相关的更多宏观经济变量放入其中，后续研究可以在原有经济政策不确定性指数的基础上，考虑将经济政策不确定性指数在时间上做进一步的向前延伸，或是将现有 GVAR 模型进行发展完善，降低 GVAR 模型参数估计过程中对样本数量的需求。相关工作的开展有利于在全球层面更加深入地研究经济政策不确定性对宏观经济的影响。

（2）虽然经济政策不确定性作为不确定性冲击的特定表现形式，但从某种程度上这一不确定性并不够具体，其来源也相对广泛，不利于细化分析不同经济政策不确定性给经济增长带来的影响。因此，未来研究可以进一步细化，探寻具体类型不确定性冲击对产出和技术进步的影响。

（3）尽管本书在行业层面上用面板数据固定效应模型和非线性调节效应模型刻画了经济政策不确定性对行业产出的非线性影响并分析了技术进步的

调节作用，在印证前面结论的同时也得到了一些有意义的结论，但由于细分行业层面的一些重要变量如对外开放度、进出口贸易数据等尚无法获取，故不利于研究的进一步延伸。因而，未来的研究可以更多地考虑从微观企业层面入手，对其进行拓展研究。

参 考 文 献

[1] 蔡昉. 理解中国经济发展的过去、现在和将来——基于一个贯通的增长理论框架 [J]. 经济研究, 2013 (11).

[2] 蔡跃洲, 付一夫. 全要素生产率增长中的技术效应与结构效应——基于中国宏观和产业数据的测算及分解 [J]. 经济研究, 2017 (1).

[3] 陈德球, 陈运森, 董志勇. 政策不确定性、市场竞争与资本配置 [J]. 金融研究, 2017 (11).

[4] 陈国进, 张润泽, 赵向琴. 政策不确定性、消费行为与股票资产定价 [J]. 世界经济, 2017 (1).

[5] 陈启斐, 周霄雪, 钱非非. 服务贸易、经济政策不确定性与全要素生产率——一项跨国经验研究 [J]. 世界经济文汇, 2021 (4).

[6] 程中华, 刘军, 李廉水. 产业结构调整与技术进步对雾霾减排的影响效应研究 [J]. 中国软科学, 2019 (1).

[7] 单豪杰. 中国资本存量K的再估算：1952~2006年 [J]. 数量经济技术经济研究, 2008 (10).

[8] 邓仲良, 张可云. 中国经济增长的空间分异为何存在？——一个空间经济学的解释 [J]. 经济研究, 2020 (4).

[9] 杜运周, 张玉利, 任兵. 展现还是隐藏竞争优势：新企业竞争者导向与绩效U型关系及组织合法性的中介作用 [J]. 管理世界, 2012 (7).

[10] 段梅, 李志强. 经济政策不确定性、融资约束与全要素生产率——来

自中国上市公司的经验证据［J］．当代财经，2019（6）．

［11］傅殷才，颜鹏飞．自由经营还是国家干预：西方两大经济思潮概论
［M］．北京：经济科学出版社，1995．

［12］顾群，王文文，李敏．经济政策不确定性、机构投资者持股和企业研
发投入——基于研发异质性视角［J］．软科学，2020，34（2）．

［13］顾夏铭，陈勇民，潘士远．经济政策不确定性与创新——基于我国上
市公司的实证分析［J］．经济研究，2018（2）．

［14］顾研，周强龙．政策不确定性、财务柔性价值与资本结构动态调整
［J］．世界经济，2018（6）．

［15］郭晶，周玲丽．贸易政策不确定性、关税变动与企业生存［J］．国际
贸易问题，2019（5）．

［16］韩国高．政策不确定性对企业投资的影响：理论与实证研究［J］．经
济管理，2014（12）．

［17］郝楠，李静．技术进步、人力资本"侵蚀效应"与国际技术差距——基
于2001～2015年跨国面板数据的经验分析［J］．经济学家，2018（7）．

［18］何国华，邬飘．经济政策不确定性与商业银行风险承担行为——基于
中美两国银行业的经验证据［J］．经济经纬，2020（2）．

［19］胡沅洪，戴一鑫，孙生．经济政策不确定性对制造业出口技术复杂度
的影响研究［J］．软科学，2021（8）．

［20］黄虹，卢佳豪，黄静．经济政策不确定性对企业投资的影响——基于
投资者情绪的中介效应［J］．中国软科学，2021（4）．

［21］黄宁，郭平．经济政策不确定性对宏观经济的影响及其区域差异——
基于省级面板数据的PVAR模型分析［J］．财经科学，2015（6）．

［22］黄友星，李恒丞，黄嗦咪．美国经济政策不确定性对中国对美直接投
资的影响［J］．亚太经济，2022（2）．

［23］纪洋，王旭，谭语嫣，等．经济政策不确定性、政府隐性担保与企业

杠杆率分化 [J]. 经济学（季刊），2018（2）.

[24] 金雪军，钟意，王义中. 政策不确定性的宏观经济后果 [J]. 经济理论与经济管理，2014（2）.

[25] 荆中博，王羚睿，方意. 经济政策不确定性上升会促进中国房地产企业投资吗？——来自中国 A 股上市公司的经验分析 [J]. 国际金融研究，2021（2）.

[26] 景维民，张璐. 环境管制、对外开放与中国工业的绿色技术进步 [J]. 经济研究，2014（9）.

[27] 康健. 人口红利、经济增长与工资水平——基于动态面板数据的实证研究 [J]. 现代管理科学，2017（11）.

[28] 赖平耀. 中国经济增长的生产率困境：扩大投资下的增长下滑 [J]. 世界经济，2016（1）.

[29] 李凤羽，史永东. 经济政策不确定性与企业现金持有策略——基于中国经济政策不确定指数的实证研究 [J]. 管理科学学报，2016（6）.

[30] 李凤羽，杨墨竹. 经济政策不确定性会抑制企业投资吗？——基于中国经济政策不确定指数的实证研究 [J]. 金融研究，2015（4）.

[31] 李广子，刘力. 产业政策与信贷资金配置效率 [J]. 金融研究，2020（5）.

[32] 李廉水，周勇. 技术进步能提高能源效率吗？——基于中国工业部门的实证检验 [J]. 管理世界，2006（10）.

[33] 李胜旗，毛其淋. 关税政策不确定性如何影响就业与工资 [J]. 世界经济，2018（6）.

[34] 梁权熙，谢宏基. 政策不确定性损害了中国经济的长期增长潜力吗？——来自企业创新行为的证据 [J]. 中央财经大学学报，2019（7）.

[35] 林建浩，李幸，李欢. 中国经济政策不确定性与资产定价关系实证研究 [J]. 中国管理科学，2014（1）.

[36] 林凌，胡冰川，孙艳华. 全球经济政策不确定性对中国经济增长的时

变性影响效应研究——基于时域与频域视角分析［J］．中国软科学，2022（12）．

［37］刘盾，施祖麟，袁伦渠．利润拉动还是工资拉动？——对劳动收入份额影响经济增长的理论探讨与实证研究［J］．南开经济研究，2014（2）．

［38］刘慧芬，王华．竞争环境、政策不确定性与自愿性信息披露［J］．经济管理，2015（11）．

［39］刘金全，孙玉祥，毕振豫．信贷扩张、房价波动与经济增长的时变关联机制研究［J］．数量经济研究，2019（2）．

［40］刘镜秀，门明．经济政策不确定性、金融摩擦与宏观经济［J］．技术经济，2015（5）．

［41］刘娟．行业异质性对中国OFDI深度及广度的影响——基于分行业面板数据的经验分析［J］．国际商务（对外经济贸易大学学报），2019（3）．

［42］刘啟仁，吴鄂燚，黄建忠．经济政策不确定性如何影响出口技术分布［J］．国际贸易问题，2020（7）．

［43］刘帷韬，任金洋，冯大威，等．经济政策不确定性、非效率投资与企业全要素生产率［J］．经济问题探索，2021（12）．

［44］刘伟全．我国对外直接投资国内技术进步效应的实证研究——基于研发费用和专利授权数据的分析［J］．当代财经，2010（5）：101–106．

［45］刘旸，杜萌．经济政策不确定性、货币政策与股票市场流动性——基于TVP–VAR模型的实证分析［J］．大连理工大学学报（社会科学版），2020（5）．

［46］刘宇，沈坤荣，刘铭丞．经济政策不确定性、对外直接投资与全球价值链攀升［J］．经济与管理研究，2022（5）．

［47］刘竹青，佟家栋．内外经济政策不确定对中国出口贸易及其发展边际的影响［J］．经济理论与经济管理，2018（7）．

［48］吕承超，王媛媛．金融市场分割、信贷失衡与技术创新产出——基于企

业异质性的制造业上市公司数据分析 [J]. 产业经济研究, 2019 (6).

[49] 吕相伟. 政策不确定性与企业家活动配置 [J]. 经济管理, 2018 (3).

[50] 罗朝阳, 李雪松. 产业结构升级、技术进步与中国能源效率——基于非动态面板门槛模型的实证分析 [J]. 经济问题探索, 2019 (1).

[51] 罗党论, 佘国满. 地方官员变更与地方债发行 [J]. 经济研究, 2015 (6).

[52] 罗美娟, 郭平. 政策不确定性是否降低了产能利用率——基于世界银行中国企业调查数据的分析 [J]. 当代财经, 2016 (7).

[53] 罗知, 张川川. 信贷扩张、房地产投资与制造业部门的资源配置效率 [J]. 金融研究, 2015 (7).

[54] 毛丽娟, 刘奕. 经济政策不确定性对旅游企业投资行为的影响研究 [J]. 江西社会科学, 2022 (4).

[55] 孟庆斌, 师倩. 宏观经济政策不确定性对企业研发的影响: 理论与经验研究 [J]. 世界经济, 2017 (9).

[56] 南永清, 后天路, 宋明月. 经济政策不确定性对城镇居民消费行为的动态时变影响——基于 TVP – SV – VAR 模型的实证检验 [J]. 当代经济研究, 2022 (1).

[57] 聂高辉, 邱洋冬, 龙文琪. 非正规金融、技术创新与产业结构升级 [J]. 科学学研究, 2018 (8).

[58] 牛心怡. 经济政策不确定性与全要素生产率关系研究 [J]. 财会通讯, 2023 (20).

[59] 欧阳志刚, 何富美, 薛龙. 经济政策不确定性, 双轮驱动与经济增长 [J]. 系统工程理论与实践, 2019 (4).

[60] 潘海峰, 张定胜. 信贷约束、房价与经济增长关联性及空间溢出效应——基于省域面板数据的空间计量 [J]. 中央财经大学学报, 2018 (11).

[61] 潘雄锋, 彭晓雪, 李斌. 市场扭曲、技术进步与能源效率: 基于省际异质性的政策选择 [J]. 世界经济, 2017 (1).

［62］庞超然，杜奇睿．经济政策不确定性、金融周期及宏观经济效应——基于 TVP – SV – VAR 模型的分析［J］．经济问题探索，2019（8）．

［63］彭涛，黄福广，孙凌霞．经济政策不确定性与风险承担：基于风险投资的证据［J］．管理科学学报，2021（3）．

［64］綦建红，尹达，刘慧．经济政策不确定性如何影响企业出口决策？——基于出口频率的视角［J］．金融研究，2020（5）．

［65］钱学锋，龚联梅．贸易政策不确定性、区域贸易协定与中国制造业出口［J］．中国工业经济，2017（10）．

［66］饶品贵，岳衡，姜国华．经济政策不确定性与企业投资行为研究［J］．世界经济，2017（2）．

［67］申慧慧，于鹏，吴联生．国有股权、环境不确定性与投资效率［J］．经济研究，2012（7）．

［68］宋全云，李晓，钱龙．经济政策不确定性与企业贷款成本［J］．金融研究，2019（7）．

［69］苏治，刘程程，位雪丽．经济不确定性是否会弱化中国货币政策有效性［J］．世界经济，2019（10）．

［70］孙坚强，崔小梅，蔡玉梅．PPI 和 CPI 的非线性传导：产业链与价格预期机制［J］．经济研究，2016（10）．

［71］谭小芬，张文婧．经济政策不确定性影响企业投资的渠道分析［J］．世界经济，2017（12）．

［72］谭莹，胡洪涛，李大胜．经济政策不确定性对农产品产业链的价格冲击研究——基于供需双方"议价能力"视角［J］．农业技术经济，2018（7）．

［73］田晖，李文玉，程倩．经济政策不确定性与中国制造业出口——基于创新的调节效应［J］．工业技术经济，2020（9）．

［74］田友春．中国分行业资本存量估算：1990～2014 年［J］．数量经济技术经济研究，2016（6）．

[75] 汪丽，茅宁，龙静．管理者决策偏好、环境不确定性与创新强度——基于中国企业的实证研究 [J]．科学学研究，2012 (7).

[76] 王博，李力，郝大鹏．货币政策不确定性、违约风险与宏观经济波动 [J]．经济研究，2019 (3).

[77] 王冬，王新．预防性储蓄动机对消费的影响及其强度估计——基于 1992~2012 年城镇居民的实证研究 [J]．南方经济，2014 (6).

[78] 王红建，李青原，邢斐．经济政策不确定性、现金持有水平及其市场价值 [J]．金融研究，2014 (9).

[79] 王珏，骆力前，郭琦．地方政府干预是否损害信贷配置效率？ [J]．金融研究，2015 (4).

[80] 王凯，武立东．环境不确定性与企业创新——企业集团的缓冲作用 [J]．科技管理研究，2016 (10).

[81] 王丽纳，李敬，李玉山．经济政策不确定性与制造业全要素生产率提升——基于中国各省级党报数据的分析 [J]．财政研究，2020 (9).

[82] 王恕立，胡宗彪．中国服务业分行业生产率变迁及异质性考察 [J]．经济研究，2012 (4).

[83] 王雄，苏冰倩，任晓航．经济政策不确定性、政治关联与企业投资效率——基于门槛效应的检验结果 [J]．中南大学学报（社会科学版），2022 (4).

[84] 王亚妮，程新生．环境不确定性、沉淀性冗余资源与企业创新——基于中国制造业上市公司的经验证据 [J]．科学学研究，2014 (8).

[85] 王正新，姚培毅．中国经济政策不确定性的跨国动态溢出效应 [J]．中国管理科学，2019 (5).

[86] 魏友岳，刘洪铎．经济政策不确定性对出口二元边际的影响研究——理论及来自中国与其贸易伙伴的经验证据 [J]．国际商务（对外经济贸易大学学报），2017 (1).

[87] 温忠麟，叶宝娟. 中介效应分析：方法和模型发展 [J]. 心理科学进展，2014（5）.

[88] 文建东，冯伟东. 制度和政策不确定性下的创新决策与经济增长过程 [J]. 财经理论与实践，2018（1）.

[89] 吴一平，尹华. 政策不确定性对企业投资的异质性影响 [J]. 经济管理，2016（5）.

[90] 吴雨濛，门泽昊，王晓娟. 政策不确定性、投资与经济增长的互动关系分析 [J]. 统计与决策，2017（14）.

[91] 席龙胜，张欣. 经济政策不确定性、高管激励与企业研发投入——基于沪深 A 股上市公司的平衡面板数据 [J]. 河南师范大学学报（哲学社会科学版），2021（3）.

[92] 向古月，周先平，谭本艳. 经济政策不确定性在国际间的动态溢出效应——基于方向性溢出模型的实证研究 [J]. 商业研究，2019（3）.

[93] 肖小勇，黄静，田清淞. 经济政策不确定性的国际关联及其解释 [J]. 国际贸易问题，2019（4）.

[94] 谢申祥，冯玉静. 经济政策不确定性与企业出口——基于中国工业企业数据的实证研究 [J]. 当代财经，2018（9）.

[95] 谢婷婷，刘锦华. 绿色信贷如何影响中国绿色经济增长？[J]. 中国人口·资源与环境，2019（9）.

[96] 邢小强，仝允桓. 不确定性、学习与新技术序列投资决策 [J]. 管理科学学报，2010（3）.

[97] 许宝丽，孔儒婧，袁林志等. 经济政策不确定性与农业企业创新投资 [J]. 河南农业大学学报，2021（4）.

[98] 许晨曦，姜锡明，张伟. 货币政策、现金持有与企业研发投入关系研究——基于 2008～2013 年沪深 A 股上市公司的经验证据 [J]. 财会通讯，2015（18）.

[99] 许罡，伍文中．经济政策不确定性会抑制实体企业金融化投资吗 [J]．当代财经，2018（9）.

[100] 许天启，张轶龙，张睿．政策不确定性与企业融资成本差异——基于中国 EPU 数据 [J]．科研管理，2017（4）.

[101] 许毓坤，黄安胜，彭建平．中美经济政策不确定性对中国在 RCEP 成员国直接投资效率的影响 [J]．亚太经济，2022（6）.

[102] 许志伟，王文甫．经济政策不确定性对宏观经济的影响——基于实证与理论的动态分析 [J]．经济学（季刊），2019（1）.

[103] 闫华红，陈亚．经济政策不确定性对房地产行业资本成本的影响 [J]．财会月刊，2019（3）.

[104] 严成樑，龚六堂．熊彼特增长理论：一个文献综述 [J]．经济学（季刊），2009（3）.

[105] 阳立高，龚世豪，王铂，晁自胜．人力资本、技术进步与制造业升级 [J]．中国软科学，2018（1）.

[106] 杨海生，陈少凌，罗党论，佘国满．政策不稳定性与经济增长——来自中国地方官员变更的经验证据 [J]．管理世界，2014（9）.

[107] 杨永聪，李正辉．经济政策不确定性驱动了中国 OFDI 的增长吗——基于动态面板数据的系统 GMM 估计 [J]．国际贸易问题，2018（3）.

[108] 杨筝．经济政策不确定性、资源配置与全要素生产率 [J]．江西社会科学，2019（1）.

[109] 姚星，李彪，吴钢．服务外包对服务业全要素生产率的影响机制研究 [J]．科研管理，2015（4）.

[110] 叶阿忠，朱松平．美国货币政策、国际原油价格对中国经济波动影响的实证分析 [J]．统计与决策，2017（17）.

[111] 叶阿忠．非参数和半参数计量经济模型理论 [M]．北京：科学出版社，2008.

[112] 袁建国,后青松,程晨.企业政治资源的诅咒效应——基于政治关联与企业技术创新的考察 [J].管理世界,2015 (1).

[113] 张兵兵,田曦.目的国经济政策不确定性如何影响中国企业的出口产品质量? [J].世界经济研究,2018 (12).

[114] 张成思,刘贯春.中国实业部门投融资决策机制研究——基于经济政策不确定性和融资约束异质性视角 [J].经济研究,2018 (12).

[115] 张成思,孙宇辰,阮睿.经济政策不确定性、企业货币政策感知与实业投资 [J].财贸经济,2023 (7).

[116] 张峰,刘曦苑,武立东,殷西乐.产品创新还是服务转型:经济政策不确定性与制造业创新选择 [J].中国工业经济,2019 (7).

[117] 张豪,戴静,张建华.政策不确定、官员异质性与企业全要素生产率 [J].经济学动态,2017 (8).

[118] 张杰,翟福昕.多重目标下宏观调控思路调整与政策匹配 [J].改革,2014 (9):42 - 51.

[119] 张龙,刘金全.我国经济政策不确定性的阶段性特征及其动态消费效应 [J].暨南学报(哲学社会科学版),2019 (7).

[120] 张喜艳,陈乐一.经济政策不确定性差异对经济周期协同的影响研究 [J].中国软科学,2017 (8).

[121] 张喜艳,刘莹.经济政策不确定性与消费升级 [J].经济学家,2020 (11).

[122] 张雄辉.技术进步、技术效率对经济增长贡献的研究 [D].济南:山东大学,2010.

[123] 张玉鹏,王茜.政策不确定性的非线性宏观经济效应及其影响机制研究 [J].财贸经济,2016 (4).

[124] 郑立东,程小可,姚立杰.经济政策不确定性、行业周期性与现金持有动态调整 [J].中央财经大学学报,2014 (12).

［125］ 郑忠华，李清彬. 从乐观预期到审慎预期：基于经济政策不确定性对中国经济冲击的视角［J］. 宏观经济研究，2020（3）.

［126］ 朱丹，潘攀. 经济政策不确定性下银行风险承担对企业投资效率的影响［J］. 中国软科学，2022（3）.

［127］ 朱松平，叶阿忠，郑万吉. 区域异质性视角下原油价格和人民币汇率的价格传递效应研究［J］. 国际贸易问题，2019（4）.

［128］ 祝继高，陆正飞. 货币政策、企业成长与现金持有水平变化［J］. 管理世界，2009（3）.

［129］ Aastveit K A, Natvik G J, Sola S. Economic uncertainty and the influence of monetary policy［J］. Journal of International Money and Finance，2017（76）.

［130］ Abel A B, Eberly J C. The effects of irreversibility and uncertainty on capital accumulation［J］. Journal of Monetary Economics, 1999, 44（3）：339 – 377.

［131］ Aisen A, Veiga F J. How does political instability affect economic growth? ［J］. European Journal of Political Economy, 2013（5）.

［132］ Aizenman J, Marion N P. Policy uncertainty, persistence and growth［J］. Review of International Economics, 2010（2）.

［133］ Arouri M, Estay C, Rault C, et al. Economic policy uncertainty and stock markets：Long-run evidence from the US［J］. Finance Research Letters, 2016（12）.

［134］ Arrow K J. The economic implications of learning by doing［J］. Review of Economic Studies, 1962（3）.

［135］ Atanassov J, Julio B, Leng T. The bright side of political uncertainty：The case of R&D［R］. Social Science Electronic Publishing, 2015.

［136］ Bachmann R, Elstner S, Sims E R. Uncertainty and economic activity：

Evidence from business survey data [J]. American Economic Journal: Macroeconomics, 2013 (2).

[137] Baek E G, Brock W A. A nonparametric test for independence of a multivariate time series [J]. Statistica Sinica, 1992 (1).

[138] Baker S R, Bloom N, Davis S J. Measuring economic policy uncertainty [J]. The Quarterly Journal of Economics, 2016 (4).

[139] Balcilar M, Demirer R, Gupta R, et al. The impact of US policy uncertainty on the monetary effectiveness in the Euro area [J]. Journal of Policy Modeling, 2017 (6).

[140] Barradale M J. Impact of public policy uncertainty on renewable energy investment: Wind power and the production tax credit [J]. Energy Policy, 2010 (12).

[141] Baum C F, Caglayan M, Stephan A, et al. Uncertainty determinants of corporate liquidity [J]. Economic Modelling, 2008 (5).

[142] Bernanke B S. Irreversibility, uncertainty, and cyclical investment [J]. The Quarterly Journal of Economics, 1983 (1).

[143] Bernanke B S, Gertler M, Gilchrist S. The financial accelerator in a quantitative business cycle framework [M]. The Handbook of Macroeconomics. 1999.

[144] Bhattacharya S, Ritter J, Analysis F Q. Abstract: Innovation and communication: Signaling with partial disclosure [J]. Journal of Financial and Quantitative Analysis, 1980 (4).

[145] Bhattacharya U, Hsu P H, Tian X, et al. What affects innovation more: Policy or policy uncertainty? [J]. Journal of Financial and Quantitative Analysis, 2017 (5).

[146] Bloom N, Bond S, et al. Uncertainty and investment dynamics [J]. The

Review of Economic Studies, 2007 (2).

[147] Bloom N. Uncertainty and the dynamics of R&D [J]. American Economic Review, 2007 (2).

[148] Boero, Gianna, Jeremy S, Kenneth F, Wallis. Uncertainty and disagreement in economic prediction: The bank of England survey of external forecasters [J]. The Economic Journal, 2008 (11).

[149] Bonciani D, Roye B V. Uncertainty shocks, banking frictions and economic activity [J]. Journal of Economic Dynamics & Control, 2016 (7).

[150] Boudoukh J, Richardson M, Whitelaw R F. Industry returns and the fisher effect [J]. Journal of Finance, 1994 (5).

[151] Broock W A, Scheinkman J A, Dechert W D. A test for independence based on the correlation dimension [J]. Econometric Reviews, 1996 (3).

[152] Brouwer E, Kleinknecht A. Determinants of innovation: A microeconometric analysis of three alternative innovation output indicators [M] //Determinants of Innovation. Palgrave Macmillan UK, 1996.

[153] Brouwer E, Kleinknecht A. Firm size, small business presence and sales of innovative products: A micro-econometric analysis [J]. Small Business Economics, 1996 (3).

[154] Caballero R J, Pindyck R S. Uncertainty, investment, and industry evolution [J]. International Economic Review, 1996 (3).

[155] Carriero A, Clark T E, Marcellino M. Measuring uncertainty and its impact on the economy [J]. Review of Economics and Statistics, 2018 (5).

[156] Cass D. Optimum growth in an aggregative model of capital accumulation [J]. The Review of Economic Studies, 1965 (3).

[157] Caves D W, Christensen L R, Diewert W E. Multilateral comparisons of output, input, and productivity using superlative index numbers [J]. The

Economic Journal, 1982 (9).

[158] Chen C, Senga T, Sun C, et al. Policy uncertainty and foreign direct investment: Evidence from the China-Japan islands dispute [R]. Working Papers, 2017.

[159] Chen X, Sun X, Li J. How does economic policy uncertainty react to oil price shocks? A multi-scale perspective [J]. Applied Economics Letters, 2020 (3).

[160] Cheng Z, Li L, Liu J. Industrial structure, technical progress and carbon intensity in China's provinces [J]. Renewable and Sustainable Energy Reviews, 2018 (81).

[161] Cloodt M, Hagedoorn J, Kranenburg H V. Mergers and acquisitions: Their effect on the innovative performance of companies in high-tech industries [J]. Research Policy, 2006 (5).

[162] Colombo V. Economic policy uncertainty in the US: Does it matter for the Euroarea? [J]. Economics Letters, 2013 (1).

[163] Copeland T, Weiner J. Proactive management of uncertainty [J]. McKinsey Quarterly, 1990 (4).

[164] Das D, Kannadhasan M, Bhattacharyya M. Do the emerging stock markets react to international economic policy uncertainty, geopolitical risk and financial stress alike? [J]. The North American Journal of Economics and Finance, 2019 (2).

[165] Davis S J. An index of global economic policy uncertainty [R]. NBER Working Papers, 2016.

[166] Diebold F X, Yilmaz K. On the network topology of variance decompositions: Measuring the connectedness of financial firms [J]. Journal of Econometrics, 2014 (1).

[167] Diego C G, Ender D, María J D, et al. Investment inefficiency in the hospitality industry: The role of economic policy uncertainty [J]. Journal of Hospitality andTourism Management, 2023 (5).

[168] Diks C, Panchenko V. A new statistic and practical guidelines for nonparametric Granger causality testing [J]. Journal of Economic Dynamics & Control, 2006 (10).

[169] Durnev A. The real effects of political uncertainty: Elections and investment sensitivity to stock prices [R]. Social Science Electronic Publishing, 2010.

[170] Elbourne A. The UK housing market and the monetary policy transmission mechanism: An SVAR approach [J]. Journal of Housing Economics, 2008 (1).

[171] Fare R, Grosslopf S, Lovell C. Production frontiers [M]. Cambridge University Press, 1994.

[172] Feng L, Li Z, Swenson D L. Trade policy uncertainty and exports: Evidence from China's WTO accession [J]. Journal of International Economics, 2017 (10).

[173] Galor O, Weil D N. Population, technology, and growth: From Malthusian stagnation to the demographic transition and beyond [J]. American Economic Review, 2000 (4).

[174] Garratt A, Lee K, Pesaran M H, et al. A long run structural macroeconometric model of the UK [J]. The Economic Journal, 2003a (4).

[175] Garratt A, Lee K, Pesaran M H, et al. Forecast uncertainties in macroeconomic modeling [J]. Journal of the American Statistical Association, 2003b (9).

[176] Garratt A, Lee K, Pesaran M H, et al. Global and national macroecono-

metric modelling: A long-run structural approach [M]. Oxford University Press, 2006.

[177] Ghosal V, Loungani P. Product market competition and the impact of price uncertainty on investment: Some evidence from us manufacturing industries [J]. Journal of Industrial Economics, 1996 (2).

[178] Granger C W. Some recent development in a concept of causality [J]. Journal of Econometrics, 1988 (2).

[179] Greenland A, Ion M, Lopresti J. Exports, investment and policy uncertainty [J]. Canadian Journal of Economics, 2019 (3).

[180] Greenwald B, Stiglitz J E. Externalities in economies with imperfect information and incomplete markets [J]. The Quarterly Journal of Economics, 1986 (2).

[181] Gulen H, Ion M. Policy uncertainty and corporate investment [J]. The Review of Financial Studies, 2015 (3).

[182] Handley K, Limao N. Trade and investment under policy uncertainty: Theory and firm evidence [J]. American Economic Journal: Economic Policy, 2015 (4).

[183] Hansen G D, Prescott E C. Malthus to solow [J]. American Economic Review, 2002 (4).

[184] Hiemstra C, Jones J D. Testing for linear and nonlinear Granger causality in the stock price-volume relation [J]. The Journal of Finance, 1994 (5).

[185] Johansen S. Determination of cointegration rank in the presence of a linear trend [J]. Oxford Bulletin of Economics and Statistics, 1992 (3).

[186] Julio B, Yook Y. Political uncertainty and corporate investment cycles [J]. Journal of Finance, 2012 (1).

[187] Kang S H, Yoon S M. Dynamic connectedness network in economic policy

uncertainties [J]. Applied Economics Letters, 2018 (1).

[188] Kim H, Kung H. The asset redeployability channel: How uncertainty affects corporate investment [J]. Review of Financial Studies, 2017 (1).

[189] Knight F H. Risk, uncertainty and profit [J]. Hart, Schaffner and Marx Prize Essays, 1921 (4).

[190] Koop G, Pesaran M H, Potter S M. Impulse response analysis in nonlinear multivariate models [J]. Journal of Econometrics, 1996 (1).

[191] Koopmans T C. On the concept of optimal economic growth [M] //The Econometric Approach to Development Planning. Amsterdam: North-Holland, 1965.

[192] Korajczyk R A, Levy A. Capital structure choice: Macroeconomic conditions and financial constraints [J]. Journal of Financial Economics, 2003 (1).

[193] Korkut U P, Adewale A A, Sinan E, et al. The influence of income, economic policy uncertainty, geopolitical risk, and urbanization on renewable energy investments in G7 countries [J]. Energy Economics, 2023 (6).

[194] Leahy J, Whited T M. The effect of uncertainty on investment: Some stylized facts [J]. Journal of Money, Credit and Banking, 1996 (1).

[195] Lee S. Economic policy uncertainty in the US: Does it matter for Korea? [J]. East Asian Economic Review, 2018 (1).

[196] Leland H E. Saving and uncertainty: The precautionary demand for saving [J]. The Quarterly Journal of Economics, 1968 (3).

[197] Levinsohn J, Petrin A. Estimating production functions using inputs to control for unobservables [J]. Review of Economic Studies, 2003 (2).

[198] Li X M, Peng L. US economic policy uncertainty and co-movements between Chinese and US stock markets [J]. Economic Modelling, 2017 (6).

[199] Lucas R E. On the mechanics of economic development [J]. Journal of

Monetary Economics, 1988 (1).

[200] Magud N E. On asymmetric business cycles and the effectiveness of counter-cyclical fiscal policies [J]. Journal of Macroeconomics, 2008 (3).

[201] Malmquist S. Index numbers and indifference surfaces [J]. Trabajos de Estadistica, 1953 (4).

[202] Malthus T. An essay on the principle of population. Printed for J. Johnson [J]. St. Paul's Church-yard, London, 1798 (1).

[203] Manso G. Motivating innovation [J]. The Journal of Finance, 2011 (5).

[204] Marcus A A. Policy uncertainty and technological innovation [J]. Academy of Management Review, 1981 (3).

[205] Masayuki M. What type of policy uncertainty matters for business? [R]. Research Institute of Economy, Trade and Industry (RIETI), 2013.

[206] Miller D, Friesen P H. Innovation in conservative and entrepreneurial firms: Two models of strategic momentum [J]. Strategic Management Journal, 1982 (1).

[207] Moyen N, Platikanov S. Corporate investments and learning [J]. Review of Finance, 2009 (4).

[208] Myers S. Determinants of corporate borrowing [J]. Journal of Financial Economics, 1977 (2).

[209] Nakajima J, Kasuya M, Watanabe T. Bayesian analysis of time-varying parameter vector autoregressive model for the Japanese economy and monetary policy [J]. Journal of the Japanese and International Economies, 2011 (3).

[210] Nguyen Q, Kim T, Papanastassiou M. Policy uncertainty, derivatives use, and firm-level FDI [J]. Journal of International Business Studies, 2018 (1).

[211] Nodari G. Financial regulation policy uncertainty and credit spreads in the US [J]. Journal of Macroeconomics, 2014 (4).

[212] Olley G S, Pakes A. The dynamics of productivity in the telecommunications equipment industry [J]. Econometrica, 1996 (6).

[213] Pastor L, Veronesi P. Uncertainty about government policy and stock prices [J]. The Journal of Finance, 2012 (4).

[214] Paul A, Hek D. On endogenous growth under uncertainty [J]. International Economic Review, 1999 (3).

[215] Pellegrino G. Uncertainty and the real effects of monetary policy shocks in the Euro area [J]. Economics Letters, 2018 (6).

[216] Pesaran M H, Schuermann T, Weiner S M. Modeling regional interdependencies using a global error-correcting macroeconometric model [J]. Journal of Business & Economic Statistics, 2004 (2).

[217] Ramsey F P. A mathematical theory of saving [J]. The Economic Journal, 1928 (12).

[218] Romer P M. Endogenous technological change [J]. Journal of Political Economy, 1990 (5).

[219] Romer P M. Increasing returns and long-run growth [J]. Journal of Political Economy, 1986 (5).

[220] Rothschild M, Stiglitz J E. Increasing risk: I. A definition [J]. Journal of Economic Theory, 1970 (3).

[221] Schwert G W. Why does stock market volatility change over time? [J]. The Journal of Finance, 1989 (5).

[222] Shepotylo O, Stuckatz J. Quantitative text analysis of policy uncertainty: FDI and trade of Ukrainian manufacturing firms [R]. Social Science Electronic Publishing, 2017.

[223] Shin S H, Kim K T. Perceived income changes, saving motives, and household savings [J]. Journal of Financial Counseling and Planning, 2018 (2).

[224] Shleifer A, Vishny R W. A survey of corporate governance [J]. The Journal of Finance, 1997 (2).

[225] Solow R M. A contribution to the theory of economic growth [J]. Quarterly Journal of Economics, 1956 (1).

[226] Solow R M. Technical change and the aggregate production function [J]. Review of Economics & Statistics, 1957 (3).

[227] Stein L, Stone E. The effect of uncertainty on investment: Evidence from options [R]. Ssrn Electronic Journal, 2010.

[228] Stiglitz J E, Brown E P. Economics of the public sector [M]. New York: WW Norton, 1988.

[229] Swan T W. Economic growth and capital accumulation [J]. Economic Record, 1956 (2).

[230] Wang Y, Chen C R, Huang Y S. Economic policy uncertainty and corporate investment: Evidence from China [J]. Pacific-Basin Finance Journal, 2014 (3).

[231] Xu Z. Economic policy uncertainty, cost of capital, and corporate innovation [R]. Unpublished Working Paper. New York University, 2017.

[232] Xuejun J, Xue Z, Xiaolan Y. How does economic policy uncertainty affect the relationship between household debt and consumption? [J]. Accounting & Finance, 2022 (5).